本书受到2016年教育部人文社会科学规划基金项目（16XJA790004）及2017年中央高校基本科研业务费专项资金项目（JBK170806）支持

Empirical Research on the Chinese Urban and Rural Residents' Precautionary Savings

中国城乡居民预防性储蓄经验研究

雷震　张安全／著

中国财经出版传媒集团

经济科学出版社

Economic Science Press

图书在版编目（CIP）数据

中国城乡居民预防性储蓄经验研究／雷震，张安全著．
—北京：经济科学出版社，2017.4
ISBN 978-7-5141-8037-4

Ⅰ.①中… Ⅱ.①雷…②张… Ⅲ.①居民储蓄-研究-中国 Ⅳ.①F832.22

中国版本图书馆 CIP 数据核字（2017）第 092356 号

责任编辑：王冬玲　张　燕
责任校对：王苗苗
责任印制：邱　天

中国城乡居民预防性储蓄经验研究
雷　震　张安全　著
经济科学出版社出版、发行　新华书店经销
社址：北京市海淀区阜成路甲 28 号　邮编：100142
总编部电话：010-88191217　发行部电话：010-88191522
网址：www.esp.com.cn
电子邮件：esp@esp.com.cn
天猫网店：经济科学出版社旗舰店
网址：http://jjkxcbs.tmall.com
固安华明印业有限公司印装
710×1000　16 开　9 印张　220000 字
2017 年 4 月第 1 版　2017 年 4 月第 1 次印刷
ISBN 978-7-5141-8037-4　定价：45.00 元
(图书出现印装问题，本社负责调换。电话：010-88191510)
(版权所有　侵权必究　举报电话：010-88191586
电子邮箱：dbts@esp.com.cn)

前　言

长期以来，中国城乡居民储蓄持续超常增长，如何破解中国式高储蓄率困境成为各界广泛关注的问题。由于不确定性是转型期间的常态，所以在研究中国居民储蓄的文献中预防性储蓄理论备受关注。虽然大多数文献都已证实居民存在预防性储蓄行为，但是对于城乡居民预防性储蓄动机孰强孰弱、预防性储蓄是否是导致城乡居民财富积累的主要原因、影响居民预防性储蓄的主要因素是什么等问题，我们还并不完全明了。因此，在已有文献的基础上，本书以《中国城乡居民预防性储蓄经验研究》为题，重点研究了上述三个问题。各章节的具体内容如下：

第1章为绪论部分，主要介绍了本书的研究背景与意义、本书的研究思路与框架以及本书的创新之处。

第2章为文献综述部分，对预防性储蓄理论的形成和发展做了一个回顾。重点从预防性储蓄动机存在条件、预防性储蓄动机的检验、预防性储蓄对居民储蓄的解释力和不确定性因素的分解等方面分别对国内外文献进行了归纳和梳理，并指出在研究中国居民预防性储蓄时需要进一步深化的研究方向，进而引出本书的主要研究任务。

第3章对预防性储蓄理论做了一个简要介绍。首先，对不确定性概念进行了阐述，并界定了不确定性一词在本书中的基本内涵。然后，对不确定性条件下消费者的消费决策行为做了简单介绍，并将期望效用最大化理论作为研究不确定性条件下消费者决策行为的理论基础。在此基础上，通过数学推理和几何图形来说明了不确定性对于消费者储蓄决策的影响。最后，分析转型期间我国城乡居民面临的不确定性现状，指出预防性储蓄理论在中国具有潜在的适用性。

第4章是对城乡居民预防性储蓄动机的检验。与大多数文献基于相对谨慎系数的分析不同，本书认为绝对谨慎系数才是检验消费者预防性储蓄动机强度的指标，尤其是在比较不同消费者之间预防性储蓄动机强弱时更是如此。因此，本书主要是在 CARA 型效用函数假定下基于 2000~2010 年省级面板数据检验了中国城乡居民的预防性储蓄动机，并对比了城乡居民预防性储蓄动机的强弱。结果发现，城乡居民均存在显著的预防性储蓄动机，并且农村居民的预防性储蓄动机更强，大约是城市居民的 1.5 倍。需要明确的是，虽然本章检验结果认为中国城乡居民存在着预防性储蓄动机，但是这并不意味着预防性储蓄就是导致中国城乡居民高储蓄的主要原因。而且，与中国城乡居民是否存在预防性储蓄动机相比，我们更加关心中国城乡居民的预防性储蓄行为引起了多少预防性财富积累。

第 5 章则在统一的理论框架和相同时期的样本数据下进一步研究了预防性储蓄到底在多大程度上解释了中国城乡居民的财富积累。根据消费者的跨期消费决策模型求解出消费者在不确定性条件下的预防性财富积累函数，然后结合现实情况和经济理论对财富积累函数中的各项参数进行赋值，进而得到城乡居民人均预防性财富的估计值和预防性财富在城乡居民总财富中的比重。根据本章的估算，我们认为农村居民的人均预防性财富持有量大约为 3000 元，占人均金融财产的 34% 左右；城市居民的人均预防性财富为 9000 元，占人均金融财产的 20% 左右。因此，不管是从城乡居民人均持有的预防性财富绝对量，还是从预防性财富占金融财产的相对比重来看，结论都认为预防性储蓄是导致中国城乡居民消费不足的重要原因之一。

第 6 章从预防性储蓄动机和不确定性两个方面研究了影响中国居民预防性财富积累的主要因素。首先，通过检验不同收入水平的居民的预防性储蓄动机，本书发现消费者的预防性储蓄动机强弱与其收入水平相关，收入水平越高的居民的预防性储蓄动机强度越弱。其次，利用 2003 年第 1 季度至 2012 年第 3 季度的时间序列数据检验了投资收益不确定性对于城市居民预防性储蓄的影响，结果发现消费者确实对投资收益不确定性较为敏感，且相较于股市，利率市场的不确定性对消费者的预防性储蓄动机有着更强的促进作用。具体而言，同样强度的收益率风险增加所引起的消费者的人均消费支出增长量的波动在利率市场下大约为股票市场的 40 倍。最后，根据 2000~2010 年城市居民分类消费支出的省级面板数据检验了消费者对于各种不确定性因素的谨慎程度，结果发现城市居民的消费支出对于各项支出不确定性的敏感程度要大于其对收入不确定性的敏感程度，且在各项支出不确定性因素中，医疗保健支出不确定性和居住消费支出不确定性对于消费者储蓄行为的影响最为显著。

第7章提出了降低城乡居民预防性储蓄的一些政策建议。根据前文的计量结果，我们认为可以从居民收入、投资收益、财产安全和社会保障四个方面入手弱化居民的预防性储蓄需求。在制定具体的方案时，要认识到城乡居民之间又各自具有其特殊性。对于城市居民，预防性储蓄动机相对较弱，其预防性财富积累主要是由于居民所面临的不确定性较大引起的，因此，我们主要是通过各种措施来降低其不确定性；对于农村居民，不仅面临着较大的不确定性，而且由于收入水平较低，其预防性储蓄动机较强，所以既要降低其面临的不确定性，还要通过提高收入水平降低其预防性储蓄动机强度。

第8章总结了本书的主要研究结论和不足之处，指出了未来的研究方向。

通过对中国城乡居民预防性储蓄行为的实证研究，本书得出以下结论：中国城乡居民持有较多的预防性储蓄是我国居民消费需求不足的重要原因，我们应该通过降低城乡居民所面临的劳动收入、投资收益、教育支出、住房支出、医疗支出等方面的不确定性因素来弱化其预防性储蓄需求。虽然城市居民的预防性储蓄水平更高，但是这并不意味着政府公共政策应当向城镇居民倾斜。必须注意到，在中国特有的城乡二元结构下，农村居民的绝对收入水平和消费水平仍远远低于城市居民，其预防性储蓄动机更强，预防性储蓄占总储蓄的比重也更高。因此，政府应当进一步完善农村社会保障体系，打破城乡二元结构，推进城镇化建设，提高农村居民的消费水平，消除城乡差异。这不仅将释放大量城乡潜在的消费需求，有利于解决长期困扰我国的居民储蓄超常增长的问题，也有利于经济发展和社会稳定。

著　者

2017年2月

目　录

第1章　绪论 ··· 1
　　1.1　研究背景和意义 ··· 1
　　1.2　研究内容和思路 ··· 4
　　1.3　研究方法 ··· 6
　　1.4　创新之处 ··· 7

第2章　预防性储蓄理论产生与发展：一个综述 ····················· 9
　　2.1　预防性储蓄理论的产生背景 ···································· 9
　　2.2　国外研究现状 ·· 13
　　2.3　国内研究现状 ·· 23
　　2.4　简要评述 ·· 29
　　2.5　小结 ·· 30

第3章　不确定性下的消费决策问题 ··································· 31
　　3.1　不确定性的概念 ··· 32
　　3.2　不确定性条件下的消费决策原则 ····························· 34
　　3.3　不确定性条件下的跨期消费决策 ····························· 35
　　3.4　预防性储蓄理论在中国的适用性 ····························· 40
　　3.5　小结 ·· 42

第4章　中国居民的预防性储蓄动机 ··································· 43
　　4.1　预防性储蓄动机强度测量指标 ································ 43

- 4.2 基于相对谨慎系数的经验分析 …………………… 45
- 4.3 基于绝对谨慎系数的经验分析 …………………… 55
- 4.4 计量结果分析 …………………………………… 62
- 4.5 小结 ……………………………………………… 64

第5章 中国居民预防性财富的测度 …………………… 66

- 5.1 预防性储蓄与预防性财富 ………………………… 66
- 5.2 理论分析 ………………………………………… 68
- 5.3 参数赋值 ………………………………………… 73
- 5.4 预防性储蓄的重要性 ……………………………… 78
- 5.5 经验结果分析 …………………………………… 81
- 5.6 小结 ……………………………………………… 83

第6章 影响中国居民预防性储蓄的主要因素 ………… 85

- 6.1 预防性储蓄的潜在影响因素 ……………………… 85
- 6.2 收入水平对居民预防性储蓄动机强度的影响 ……… 87
- 6.3 投资收益风险对居民消费的影响 ………………… 89
- 6.4 支出风险与收入风险对居民消费的影响 …………… 99
- 6.5 小结 ……………………………………………… 104

第7章 降低中国居民预防性储蓄的主要措施 ………… 106

- 7.1 降低预防性储蓄的主要途径 ……………………… 107
- 7.2 降低城市居民预防性储蓄的建议 ………………… 110
- 7.3 降低农村居民预防性储蓄的建议 ………………… 115

第8章 结论与展望 ……………………………………… 121

- 8.1 主要研究结论 …………………………………… 121
- 8.2 未竟研究与不足 ………………………………… 122

参考文献 ………………………………………………… 124

第1章 绪 论

1.1 研究背景和意义

消费作为拉动经济的"三驾马车"之一,对于促进经济持续增长的作用至关重要,而且往往是决定性的。但是,在过去很长一段时期内,中国的经济增长主要是靠投资拉动和出口拉动,消费对于国内经济的拉动相对较弱。从图 1.1 可以看出,1990 年以前居民消费支出占 GDP 的比率一直维持在 50% 以上,1990 年以后居民消费支出占 GDP 的比率较低,并呈现不断下降的趋势。特别是在 1998 年以后,最终居民消费率下降趋势明显,且幅度较大。1991~1998 年之间,最终居民消费率基本维持在 47% 左右;而从 1998~2010 年,居民消费率则由 46.5% 下降到 36.7%,下降了近 10 个百分点。

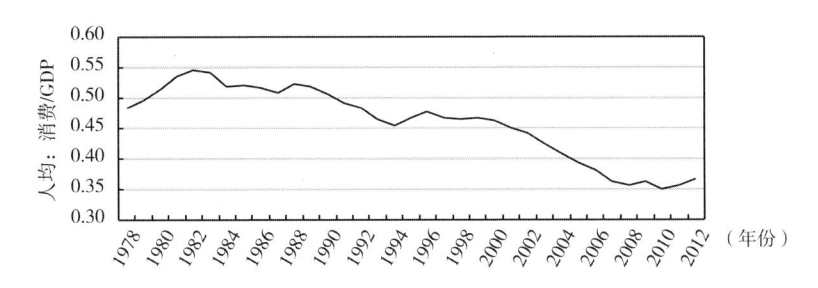

图 1.1 人均消费支出占人均 GDP 的比重

资料来源:根据中经统计网的数据绘制。

虽然我国这种投资和出口主导的经济增长模式在短期内为经济腾飞提供了可能,但是这种增长模式也存在一定的弊端,不断积累的各种问题将会制约其经济的长远健康发展。诺贝尔经济学奖得主 James A. Mirrlees（2011）就曾指出"中国最根本的问题就是消费过低"。从经济发展来看，中国过去一段时期内的消费需求疲软已经使得国内经济表现出一定的问题。首先，投资拉动替代消费拉动使得国内产能过剩，而且这些过剩的产能很多都集中在高污染和高能耗产业。其次，外贸出口替代国内需求使得国内经济严重依赖于国外经济环境，国内经济稳定面临世界经济环境中各种不确定性因素的冲击。最后，更为重要的是，市场经济是以消费者的最终需求为导向，投资和出口也应该是服从于这个终极目标的。整个经济运行良好的标志是最终产品被消费者的有效需求所消费。投资、消费和出口需要协调发展，否则整个社会的生产和消费难以持续，最终陷入经济增长困境。从社会发展来看，内需不足也不符合经济社会的发展目标。内需不振使得国内居民并不能充分享受经济增长所带来的丰硕成果，这与提高人民整体生活水平和质量、实现人的全面自由发展的目标相悖。因此，将提振国内消费需求作为重大课题进行研究具有十分重要的现实意义。

从现实可能性来讲，促进国内消费、实现经济增长由出口和投资拉动向消费拉动也是完全可行的。与其他国家相比，中国具有明显的大国优势。首先是人口众多、市场交换范围较大，从而在国家内部能够形成各个部门之间的分工协作。其次是幅员辽阔、区域差异较大、资源丰富多样，能够满足消费者的多样化需求。这些特质使得中国完全可以依靠国内市场形成一个完整的投资—生产—贸易—消费的内部经济循环系统。因此，针对目前国内需求不足的现状，我们应该从根源上探究到底是什么原因导致了中国居民的消费偏低，这是我们提出有针对性的解决方案的前提。

根据消费、收入和储蓄的恒等式 $y = c + s$ 可知，居民消费支出对于经济增长的贡献取决于两个因素：一个是居民收入，另一个是居民储蓄率。在给定储蓄率的条件下，居民收入水平越高，则国内消费需求越大；反之则国内需求不足，经济增长就会依赖于政府的投资拉动。在给定居民收入水平的条件下，居民的储蓄意愿越弱，则国内需求越旺盛；反之则国内需求不足。消费者的储蓄率和收入水平往往是相互联系的。

我国居民消费支出对经济增长的贡献不断下降，其中一个原因就是居民收入在国民生产总值中所占的比重越来越低。如图 1.2 所示，到

2012 年，城市居民人均可支配收入和农村居民人均收入占人均国内生产总值的比例分别为 63.9% 和 20.6%。但是居民收入较低并不能完全解释我国的消费不足问题。

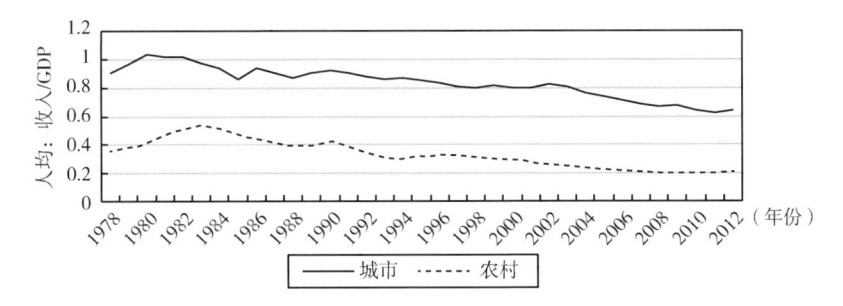

图 1.2　城乡居民人均收入占人均 GDP 的比重

导致消费疲软的另一个重要原因是居民储蓄率过高。在世界惊叹"中国奇迹"的同时，中国居民的储蓄率也经历了持续的超常增长，处于世界较高水平。如图 1.3 所示，根据国家宏观统计数据显示，1990 年以前，城乡居民的储蓄率长期维持在 15% 以下；1990 年以后，城市居民的储蓄率平稳增长，农村居民的储蓄率也表现出上扬趋势，1996 年农村居民的储蓄率快速上升并超过城镇居民，到 2004 年的时候，农村居民的储蓄率开始回落，并低于城市居民的储蓄率。到 2012 年，城市和农村居民储蓄率分别超过 30% 和 25%。① 因此，探究城乡居民高储蓄率背后的动机具有非常重要的理论价值和政策含义。

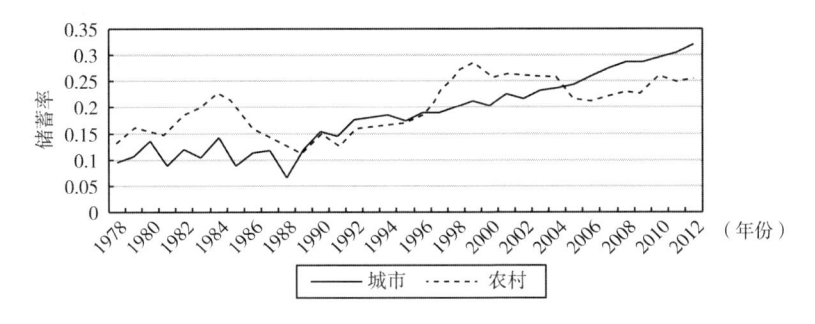

图 1.3　城乡居民人均储蓄率

---

① 本书的储蓄率计算公式为：(人均收入 – 人均消费支出)/人均收入。

目前，中国学者对于中国居民的高储蓄率问题进行了大量研究，并形成了一些代表性观点：（1）收入分配差距扩大导致储蓄率过高。根据边际消费倾向递减规律，收入分配不公会使得需要消费的低收入人群支付能力受限，而支付能力较强的高收入人群的消费率降低，进而引起全社会的低消费高储蓄（朱国林等，2002；袁志刚和朱国林，2002；等）。（2）中国居民具有偏好储蓄的行为特点。例如，受中国传统文化的影响，中国人普遍崇尚节俭而抑制消费（陶传平，2001）。（3）居民消费升级换代导致储蓄过高。这种观点认为，当居民的消费结构接近饱和而新的消费结构尚未形成时，消费者就会储蓄更多以推迟消费（钟宏，2006；严先溥，2006）。（4）中国居民存在竞争性储蓄动机。Wei和Zhang（2011）指出，由于性别比例失调，中国居民为了提高子女在婚姻市场上的竞争力会产生较大的竞争性储蓄。（5）中国居民存在被迫储蓄现象。有些学者认为中国居民储蓄过高是因为投资渠道较少、资本收益不高，居民的大部分闲置资金被迫用于储蓄。

虽然近年来对于中国高储蓄率问题的研究已有很大的进展，但是大部分研究主要是基于传统的生命周期—持久收入模型。根据该理论，在我国低收入、低利率和高增长的消费和储蓄决策环境下，消费者应该是更加倾向于借贷和消费。但是现实情况与理论推测完全相反，我们不得不寻求更加让人信服的理论解释。Deaton（1991）指出，传统的生命周期—持久收入理论模型对于未来的各种不确定性不够重视，经济主体的行为可能偏离其标准模型预测。转型期的中国已经由一个以农业为主、农耕的和政府主导的经济体转向了一个更加城市化和产业化的社会，绝大多数经济活动都是由市场力量主导的。在社会保障尚未充分建立的社会主义市场经济体制下，其经济社会发展不平衡及居民面临的不确定性问题都相当严重。因此，采用预防性储蓄理论来解释和检验转型期间中国城乡居民的高储蓄行为可能更符合现实情况。

1.2　研究内容和思路

关于中国居民预防性储蓄行为的研究，我们有四个核心的问题需要进行探索：首先是中国居民是否存在预防性储蓄动机。其次，如果中国居民存在预防性储蓄动机，那么预防性储蓄到底能够在多大程度上解释中国居民的储蓄行为。再次，如果预防性储蓄能够在一定程度上解释中国居民的储蓄行为，那么到底主要是哪些因素引起了中国居民的预防性储蓄。最后，我们应该怎样从预防性储蓄的视角去缓解中国居民的高储蓄问题。因此，本书在国内学者现有研究成果的基础上，以现有的预防性储蓄理论为分析框架，按照逐步递进的关系，依次研究了以下四个方面的问题。

（1）检验中国城乡居民是否存在预防性储蓄动机。这一工作是后续研究得以开展的必要准备。如果中国城乡居民不存在预防性储蓄动机，或者中国城乡居民的预防性储蓄动机很弱，则意味着预防性储蓄理论在中国不具有适用性，需要另外寻求其他理论模型。反之，如果中国城乡居民的消费决策行为表现出显著的预防性储蓄动机，则证明预防性储蓄理论在中国现实条件下可能具有很强的解释力。

（2）测算中国城乡居民预防性储蓄在总储蓄中的比重。中国城乡居民均存在预防性储蓄动机只是预防性储蓄理论适用于中国的一个必要条件，预防性储蓄能在多大程度上解释中国城乡居民的储蓄行为则是更深层次的问题，也是更为重要的问题。因此，本书参照现有文献的做法，尝试性地测算出中国城乡居民的预防性储蓄水平，为此提供经验证据。

（3）探讨影响消费者预防性储蓄的主要因素。引致消费者产生预防性储蓄行为的既有主观谨慎态度，也有客观风险因素。仅有居民存在预防性储蓄动机的经验证据还不足以为政策制定提供参考，我们需要探讨影响居民预防性储蓄行为的最主要因素。为此，本书检验了居民收入对消费者谨慎态度的影响，以及投资收益不确定性和各项消费支出不确定性对预防性储蓄的影响。

（4）对策建议。任何理论研究的终极目标都是为了指导实践，本书的研究也不例外。我们研究城乡居民预防性储蓄行为的最终目的就是探究城乡居民高储蓄行为背后的动机，并为促进居民消费提供可行的对策建议。因此，在本书的最后部分，我们根据前文的研究结果提出相应的对策建议以降低居民的预防性储蓄动机和城乡居民所面临的不确定性大小。

本书的逻辑框架如图1.4所示。

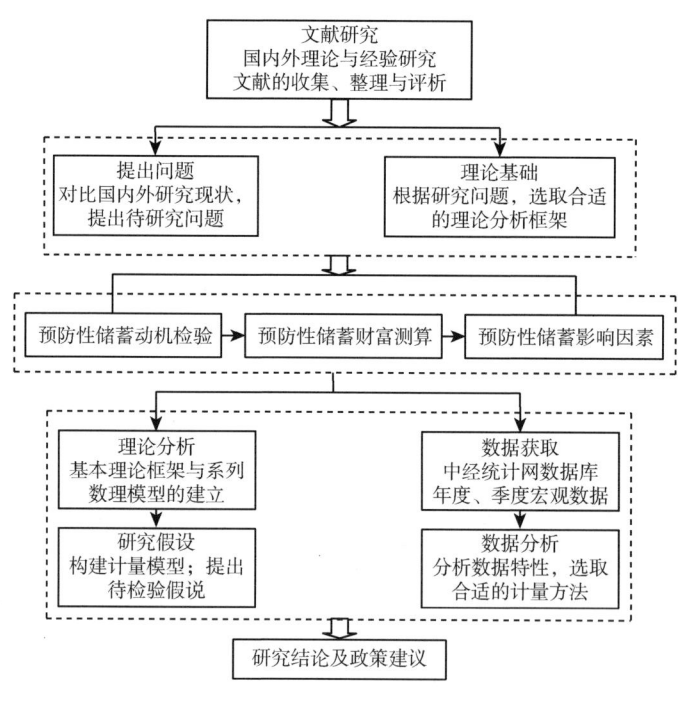

```
          ┌─────────────────────────┐
          │       文献研究          │
          │  国内外理论与经验研究   │
          │  文献的收集、整理与评析 │
          └───────────┬─────────────┘
                      │
        ┌─────────────┴─────────────┐
        │                           │
  ┌───────────┐              ┌───────────┐
  │ 提出问题  │              │ 理论基础  │
  │对比国内外 │              │根据研究问 │
  │研究现状， │              │题，选取合 │
  │提出待研究 │              │适的理论分 │
  │问题       │              │析框架     │
  └─────┬─────┘              └─────┬─────┘
        └─────────────┬─────────────┘
                      │
  ┌──────────────┬────┴─────┬──────────────┐
  │预防性储蓄    │预防性储蓄│预防性储蓄    │
  │动机检验      │财富测算  │影响因素      │
  └──────┬───────┴────┬─────┴──────┬───────┘
         │            │            │
  ┌─────────────┐         ┌─────────────┐
  │  理论分析   │         │  数据获取   │
  │基本理论框架 │         │中经统计网数 │
  │与系列数理模 │         │据库年度、季 │
  │型的建立     │         │度宏观数据   │
  ├─────────────┤         ├─────────────┤
  │  研究假设   │         │  数据分析   │
  │构建计量模型；│        │分析数据特性，│
  │提出待检验假说│        │选取合适的计 │
  │             │         │量方法       │
  └──────┬──────┘         └──────┬──────┘
         └────────────┬───────────┘
                      │
            ┌─────────────────┐
            │研究结论及政策建议│
            └─────────────────┘
```

图 1.4　本书逻辑框架

1.3　研究方法

（1）理论分析。长期以来，消费行为是经济学家所关注的研究对象。通过对消费者的偏好、选择公理、效用函数及性质做出一些规定，我们就可以利用约束条件下的最大化模型来刻画消费者在给定选择机会下的消费行为。这一分析方法有利于我们定性地分析各种选择机会的变化如何影响消费者的消费储蓄行为。虽然，本书将期望效用的最大化当作消费者的唯一目标可能不完全符合现实情况，但是，我们也很难否认最大化期望效用是理性消费者的行为目标之一。因此，本书首先对现有的预防性储蓄理论模型进行介绍，推导不确定性条件下消费者跨期优化决策的理论模型，以动态规划和比较静态分析为分析工具，考察不确定性条件下消费者的消费储蓄行为。

（2）经验分析。所有的理论都是对现实世界的高度概括抽象，理论是否能很好地解释现实世界则需要进一步的经验证据。在本书的分析过程中，我们兼顾理论与经验，通过客观的经验数据来验证理论分析的结论。本书所采用的经验分析方法主要是计量分析，即根据经济理论模型得到可供检验的结构方程，确立变量之间的因果关系和数学形式，然后根据可利用的数据资料对方程中的相关参数进行估计和统计推断。将理论与现实数据相结合，可以保证理论分析与经验证据相互印证，分析结论更加稳健可靠。本书在分析过程中主要使用的是时间序列数据和平衡面板数据，根据数据结构特点，在计量方法上本书主要采用了可行广义最小二乘法、固定效应和动态面板等估计方法，由于计量模型内生性问题，书中还采用了工具变量法。

1.4 创新之处

在国内现有文献的基础上，本书主要做了以下几方面的工作。

第一，在现有文献中，通常都将相对谨慎系数作为衡量消费者预防性储蓄动机强度的指标。事实上，绝对谨慎系数和相对谨慎系数都是反映居民预防性储蓄的指标，但两者又有着严格的区别。Kimball（1990）明确指出预防性升水约等于绝对谨慎系数与风险方差的乘积的二分之一，因此绝对谨慎系数才是衡量消费者预防性储蓄动机强度的指标。而根据 Caballero（1991）、雷震和张安全（2013）的分析，相对谨慎系数衡量的则是风险占消费的比例每变化一个单位所引起的预防性储蓄量的变化。显然，对于不同的消费水平，风险每变化一个单位所代表的绝对风险量是不一样的。因此，相对谨慎系数反映的是在给定相同的风险占消费比重的前提下，不同居民预防性储蓄量的大小关系。本书首先对传统计量模型中基于常相对谨慎系数型效用函数模型检验城乡居民预防性储蓄动机的假设条件进行了理论推导，重新提出了待检验的原假设条件。同时，本书又基于常绝对谨慎系数型效用函数对城乡居民的预防性储蓄动机进行了检验，以确保结论的稳健可靠。然后，根据已有的理论研究结论，对前述两种模型所得到的看似相互矛盾的结论进行对比分析，指出两种模型的相通之处和结论的一致性，并指出绝对谨慎系数和相对谨慎系数作为反映居民预防性储蓄动机强度的指标，两者有着严格的区别。最后，从我国城乡居民的实际情况出发，对上述计量结果给予了充分的经济解释，并通过经验证据验证了相关解释的合理性。

第二，对于预防性储蓄是否重要这一问题，国内尚没有足够的经验研究。本书的研究内容之一就是尝试利用省级面板数据对我国城乡居民的预防性储蓄重要性问题进行分析。通过借鉴 Caballero（1991）的预防性储蓄模型，构造出测算我国城乡居民预防性财富和预防性财富占总财富比重的公式，然后根据经验事实，对模型中的各项参数进行赋值，最终得到研究结论。对这一问题的研究，有利于我们更加清晰地认识到预防性储蓄理论对于中国居民高储蓄率的解释能力。

第三，本书研究了引致居民预防性储蓄的主要因素。首先，检验了收入水平与城乡居民预防性储蓄动机强度的关系，发现居民的预防性储蓄动机会随着自身抵御风险能力的增强而降低。然后，将不确定性因素进行了分解，并采用宏观层面的年度总量数据和省级层面的面板数据分别考察了投资收益不确定性对于居民预防性储蓄的影响和各种不同的消费支出不确定性对于居民预防性储蓄的影响。其中关于投资收益不确定性对我国居民预防性储蓄行为影响在国内还缺乏相关的经验证据。通过分解不确定性，结果发现居民对于不同方面的不确定性所表现出的谨慎动机强度是不一样的。这一结论对于引导相关部门的政策制定者有针对性地制定政策措施具有十分重要的现实意义。

第四，本书在统一的分析框架下对比了城乡居民的预防性储蓄行为。虽然研究城市居民或农村居民预防性储蓄行为的文献已经很多，但是在同一框架下对比两者差异的文献还相对较少。而且现有文献在对比城乡居民的预防性储蓄动机时常用的指标是相对谨慎系数，其结论可能失之偏颇。因此，本书在研究过程中将城乡居民作为两个样本进行研究，并依据绝对谨慎系数对比分析城乡居民的预防性动机，以期得到更多有价值的研究结论和信息。

第 2 章 预防性储蓄理论产生与发展：一个综述

2.1 预防性储蓄理论的产生背景

所谓预防性储蓄，就是消费者由于未来的不确定性而进行的额外储蓄，是对消费决策行为较为前沿的研究。储蓄和消费是消费者同一决策行为的两个不同方面，是对立统一的关系，作为整个经济系统的一个重要有机构成部分，一直是经济学家研究的重点领域之一。自 Keynes (1936) 首创消费函数理论以来，消费函数理论便经过了多次的发展与革新。但是，到目前为止，依然没有一个消费函数理论可以完全有效地解释消费者的消费储蓄行为，人们的消费决策行为是一个充满争议、不断发展和持续完善的研究领域。

较早的消费理论当以 Keynes (1936) 提出的绝对收入理论和 Duesenberry (1949) 提出的相对收入理论为代表。其中，绝对收入理论刻画的是整个经济系统中总量消费与总量收入之间的关系，该理论认为消费者当期的消费支出主要取决于当期的实际收入水平，其消费函数可以表述为 $c = \alpha_0 + \alpha_1 y$，其中 c 是实际消费支出，y 是实际收入，α_0 代表不受收入影响的自主性消费支出，α_1 是实际收入的边际消费倾向，它随着收入的增加而递减。虽然 Keynes 的绝对收入理论是整个凯恩斯主义经济理论的重要基石，但是该理论仅以三大心理规律为支撑，缺乏一定的微观基础，而且绝对收入理论的相关结论在经验研究中也未得到有效的验证，大量经验证据表明当期消费和当期收入之间的关系事实上是十分脆弱的。尽管相对收入理论为消费理论找到了一些具有微观基础的消费动机，认为消费支出不仅取决于当期收入，还依赖于过去的消费水平和同等收入水平的其他家庭消费水平的影响，即存在棘轮效应和示范效应，然而遗憾的是，绝对收入理论和相对收入理论都没有在跨时期消费决策中考察消费者的消费行为，这是该理论的一个重大缺陷。消费者是要在多个决策期间内连续存活的，因此，消费者当期的消费行为必然会影响到后续时期的收入和消费，而后续时期的消费和收入对当期的消费决策又具有反馈效应。这种经济行为在各个时期之间的内在联系，必然要求我们将消费者的消费决策行为纳入一个多时期决策的模型中进行考察。正如 Merton（1969）和 Fama（1976）都证明"虽然消费者单期行为的许多特征也存在于更一般化的多时期模型中，但是将单期分析框架用于对很多问题的研究还是不适合的"。

自从 Modigliani 和 Brumberg（1954）、Friedman（1957）、Ando 和 Modigliani（1963）的开创性研究开始，生命周期—持久收入假说将对消费者消费决策行为的研究纳入消费者跨期效用最大化的新古典理论框架下进行分析，成为研究消费者消费储蓄行为的主导理论。该理论为消费理论寻求了微观基础，并认为消费者进行储蓄主要是基于以下动机。

（1）生命周期动机。消费者需要在整个生命的持续时期内连续消费才能生存，然而消费者并不是在每个时期都能具有收入来源，比如青少年时期没有收入却也需要消费支出，再如老年时期没有了劳动收入也需要消费支出，所以理性的消费者并不会过着"今朝有酒今朝醉，明日愁来明日愁"的生活，而是根据整个生命周期内的收入流状况进行当期的消费储蓄决策。当某个时期没有收入来源或者收入水平较低时，消费者主要是进行负储蓄，而在收入水平较高的时期则进行正储蓄，以为以后没有收入来源或者收入水平较低的时期进行储蓄。

（2）跨期替代动机。跨期替代动机类似于生命周期动机，主要是通过储蓄行为在各个时期之间配置资源以达到效用最大化。消费者不会将绝大部分的财富都用于当期消费，因为如果当期消费太多，根据边际效用递减规律其边际效用就会很低，此时消费者可以降低消费并将其节省的收入储蓄起来以获得更多的货币收入用于以后的消费；同样，消费者也不会将绝大部分财富毫无理由地储蓄起来，除非是吝啬的守财奴。通过资本市场，储蓄发挥其跨期替代作用的均衡条件是当期减少一单位消费所损失的边际效用恰好等于将其储蓄得到的预期收入所带来的边际效用的贴现值。储蓄的跨期替代功能受到消费者效用函数跨期替代弹性（IES）大小的影响，当跨期替代弹性趋于无穷大时，消费者在不同时期替代消费的意愿趋近于无穷，即任何的跨期消费决策之间并无差异，此时跨期替代的储蓄动机就较弱。当跨期替代弹性较小时，消费者则不愿意在各时期进行消费替代，此时，如果消费者受到一个外生的收入冲击，消费者更愿意将其分摊到不同时期进行消费，因而跨期替代的储蓄动机就较强。

虽然传统的生命周期—持久收入理论在很大程度上揭示了消费者的储蓄动机，但是现实世界的复杂性远不是某一个消费理论就能完全捕获的。传统的生命周期—持久收入模型能否解释现实世界的个人或社会总体的财富积累也是存在较多争议的（Deaton，1992等）。Hubbard、Skinner和Zeldes（1994a）指出，在运用标准的生命周期—持久收入模型解释消费者的储蓄行为时至少在以下两个维度是失败的：第一，根据生命周期—持久收入模型所预测的居民总体财富积累量通常都低于实际的居民总体财富积累量（Kotlikoff and Summers，1981；White，1978；Darby，1979）。生命周期—持久收入模型低估总体财富积累量可能意味着该模型所没有捕获的遗赠动机等其他储蓄动机在消费者的储蓄行为中也扮演着十分重要的角色。第二，生命周期—持久收入模型高估了很大一部分家庭的个人财富。在生命周期—持久收入模型中，考虑到退休后收入会有所降低，几乎所有的人都要提前为退休进行储蓄。而实际上，从中位数来看，临近退休的家庭所持有的金融资产仅仅为当前收入的很少一部分（如：Venti and Wise，1987；Bernheim and Scholz，1993；Hubbard，Skinner and Zeldes，1995）。

由于生命周期—持久收入假说对现实的解释力不够，于是又有一些理论对生命周期—持久收入假说进行了扩展和补充。比如，Lluch（1974）等利用习惯形成理论对传统的生命周期—持久收入假说进行了修正。在传统的模型中，消费者通常都是短视的，即假设消费者的效用水平完全取决于当期消费支出，而没有考虑过去消费对当期的影响和当期消费对未来的影响。但是，习惯形成理论则认为消费者的效用不是来自于当期实际消费而是来自于当期有效消费，即实际消费支出减去习惯性存量。根据习惯形成理论，消费者当期消费支出增加虽然会增加当期的效用水平，但是会提高习惯性存量水平而使得未来的效用水平降低，因此消费者具有习惯形成偏好时会具有更高的储蓄倾向。另外，消费者的一些消费支出（主要是耐用品的消费支出）经常会涉及很大的支付数额，这对于那些初始财富并不充足的消费者而言，就只能通过借贷市场从未来收入融得资金以供当期消费，这也正是传统的生命周期—持久收入理论模型的观点。但是，在现实的经济中，无流动性约束的假定是不完全成立的，消费者往往并不能顺利地通过借贷实现资源的跨期配置，而只能依据现期财富水平进行消费。例如，Hayashi（1985）使用截面数据检验了流动性约束对居民消费储蓄行为的影响，结果发现容易受到流动性约束的家庭更加倾向于进行储蓄，而且受到流动性约束的家庭的消费存在短视行为，消费对预期收入变动存在过度敏感性。即使消费者不存在流动性约束，能够在借贷市场上自由借贷，但是消费者可能也会因为存在债务规避的心理而不愿意举债消费。因此，流动性约束理论认为，当消费者预期到未来需要为某些消费支付巨额资金时，消费者就会未雨绸缪，提前为将来的大额一次性支付进行储蓄，或者是将一些消费推迟以为积累资金换取时间，发挥一个分期付款的功能。

虽然，不同消费理论不断地从不同角度去解释居民的消费储蓄行为，使得对居民储蓄动机的研究得以不断推进，但是上述理论主要是在确定性条件下进行分析的，即消费者对于未来的经济变量具有完全的信息，而且未来的经济变量不存在任何风险，是一个可预见的确定值。显然，这和实际情况相去甚远。一旦涉及跨期决策，对于未来的经济决策环境，人们很难做出一个完美的预期，必然存在不确定性问题。由于对于未来的各种不确定性不够重视，因此，经济主体的行为经常会偏离传统标准模型的预测。

在生命周期—持久收入假说的基础上，Hall（1978）又基于理性预期提出了随机游走假说。与以往认为消费函数就是消费和收入的关系的观点不同，Hall（1978）在随机游走假说中假设消费者可以对未来财富或持久收入形成理性预期，由此在消费函数中排除了收入的影响，认为消费函数是一个带漂移项的随机游走过程。但是，Flavin（1981）、Hall和Mishkin（1982）等文献在经验分析中都发现了消费对本期收入变动存在"过度敏感性"的经验证据，与随机游走假说的观点相冲突。尽管随机游走假说也没能和现实完全符合，但是它已经开始在不确定性条件下分析消费储蓄问题，指出消费的变化是不可预期的，这对于消费理论的发展显得意义重大。

20世纪70年代以后，预防性储蓄理论逐渐得到重视和发展。该理论认为，由于信息的有限性或者消费者的理性不及，消费者并不能确定地知道未来的真实状况，消费者在做出消费决策时不仅要考虑收入的多少还要考虑未来的不确定性，即消费者的消费决策是基于当期信息对未来形成预期的基础上做出的。预防性储蓄理论在吸收了理性预期思想的基础上将不确定性纳入消费者跨期消费决策的分析框架中来研究消费者的最优选择行为，大大提高了模型的解释能力与预测能力。由于预防性储蓄理论更接近现实，在分析西方国家居民储蓄与消费行为的理论和经验研究中得到广泛的运用。

2.2 国外研究现状

2.2.1 预防性储蓄早期论述

预防性储蓄理论认为，消费者在做出消费决策时不仅要考虑收入的多少还要考虑未来的不确定性，消费者的最优消费储蓄决策会由于未来的不确定性而与在确定性情形下的消费储蓄决策存在较大差异。Fisher（1956）和 Friedman（1957）就发现，从事更高收入风险职业的人会储蓄得更多，为预防性储蓄提供了直观的经验证据。关于不确定性对于储蓄行为影响的较早论述至少可以追溯到 Marshall（1920）和 Boulding（1966）。Marshall（1920）指出"早期的不节俭大部分原因是由于为未来提供可能的享受缺乏保障：只有那些已经很富裕的人才可能有足够的能力保持他们所储蓄的财富；而只积累了少数财富的那些勤劳克己的农民只能眼睁睁地看着财富被强悍的手剥夺，这给他周围的人发出了一个持续的警告，当你可以享受快乐和休闲的时候就尽情享受"。而 Boulding（1966）则指出"在其他条件相同的情况下，我们可以预期具有稳定工作的个人会比工作不稳定的个人储蓄得更少"。Marshall（1920）和 Boulding（1966）所描述的不确定性对居民消费行为的影响看似矛盾，但是事实上正如本书后面将会谈到的，他们所描述的是两种完全不同的不确定性对消费者储蓄行为的影响。其中，Marshall（1920）所分析的是资本投资收益不确定性对居民消费储蓄行为的影响，对于这类资本投资收益的不确定性，其大小完全取决于人们当期的消费储蓄和投资决策，因而是一种内生的不确定性。Boulding（1966）所讨论的则是非资本投资的收入不确定性对居民消费储蓄行为的影响，而这类非资本投资的收入不确定性的大小则完全来自于未来经济变量所受到的外生冲击。一般情况下，资本投资收益不确定性和非资本投资的收入不确定性对于储蓄的影响方向是相反的。因而 Marshall（1920）和 Boulding（1966）得到看似矛盾的结论也就不足为奇了。

在 20 世纪 70 年代以前，关于不确定性对消费者消费储蓄行为的影响的正式分析寥若晨星。即使在少有的严谨的理论分析中，不确定性对消费者储蓄的影响也是模糊不清的。很多时候，经济学者们都直接将预防性储蓄和 Pratt（1964）和 Arrow（1965）的风险规避概念完全等同起来，认为"因为人们不喜欢风险，所以当未来收入是不确定的时候人们会储蓄更多"。乍一看，这一论述似乎是完全可信的。事实上，问题远没有这么简单。虽然 Pratt（1964）和 Arrow（1965）的风险规避理论也是在不确定性条件下研究消费者行为的理论，并且在很多领域的经验和理论研究中都充分展示了其有用性，但是该理论并没有深入研究不确定性对于居民储蓄行为的影响，它和预防性储蓄理论依然有着本质上的区别。Arrow - Pratt 风险规避理论主要倾向于比较消费者对于风险和确定情形的偏好程度，而预防性储蓄理论则是要探寻在不确定性情形下人们的消费储蓄行为。更为重要的是，风险规避并不一定就是消费者面对不确定性时存在正向预防性储蓄动机的充分条件。

关于预防性储蓄的广泛深入研究是从 20 世纪 70 年代开始的，并在 20 世纪 80 年代和 90 年代获得了极大的发展。从其研究的对象来细分，现有的预防性储蓄研究大致可以分为四类。首先是预防性储蓄的理论分析，主要是从数学逻辑上探明消费者预防性储蓄动机的存在条件和衡量指标；其次是预防性储蓄动机的经验分析，即根据消费者在不确定性条件下的消费支出数据，运用计量分析等手段估计出消费者的预防性储蓄动机强度；再次是预防性储蓄对消费者储蓄动机解释能力的研究，即消费者的私人储蓄中有多大比例是预防性储蓄；最后是对预防性储蓄理论的一些扩展，比如将总体不确定性分解为收入、支出和投资收益等不确定性，或者检验某项社会福利政策对居民预防性储蓄的挤出效应。从研究方法上来看，可以分为理论研究与经验研究，其中经验研究又包括计量分析、数值模拟和实验研究等方法。

2.2.2　预防性储蓄存在条件

关于预防性储蓄动机存在条件的正式研究最早见之于 Leland（1968）在一个类似于 Dreze 和 Modigliani（1966）提出的两时期消费模型中的分析。如前所述，不确定性既有资本投资收益的不确定性，也有非资本投资的收入或支出的不确定性。为了简化分析，Leland（1968）将其利率视为一个确定不变的非随机变量，考察了仅存在收入不确定性的情形。在他的分析框架中，消费者的优化问题就成为在约束条件 $C_2 = I_2 + (1+r)kI$ 下最大化两时期的期望效用 $E[U(C_1, C_2)]$，其中，k 是第一期的储蓄率，I_2 是第二期均值为 I_2^* 方差为 σ^2 的不确定性收入。显然，在不确定性条件下消费者最优化问题的均衡条件是：$E(U_1) - (1+r)E(U_2) = 0$，其中 $U_i = \partial U/\partial C_i$。如果消费者在不确定性条件下的储蓄率等于在确定性条件下的最优储蓄率 k^0，那么通过严格的数学推导，我们很容易就能得到：$\text{sign}[E(U_1)^0 - (1+r)E(U_2)^0] = \text{sign}[U_{122}^0 - (U_1^0/U_2^0)U_{222}^0]$。因为，根据二阶充分条件有：$d^2[E(U)^0]/dk^2 = d[(1+r)E(U_2)^0 - E(U_1)^0]/dk < 0$。所以，我们只要能够保证 $U_{122}^0 - (U_1^0/U_2^0)U_{222}^0$ 为负，便有结论：当存在收入的不确定性时，最优的储蓄率 k 将会大于确定条件下的最优储蓄率 k^0，即消费者存在预防性储蓄动机。在效用函数分离可加的情况下，对于总效用函数的任何混合偏导数都为零，而 U_1^0/U_2^0 符号为正，所以消费者预防性储蓄动机存在的条件就简化为效用函数的三阶导数大于零。对于二次型的效用函数显然不满足三阶导数大于零的条件，但是二次型的效用函数却意味着风险规避。所以仅仅风险规避并不能保证消费者面对收入不确定性时就存在正向预防性储蓄动机。

Sandmo（1970）也在一个两时期模型中得到了与 Leland（1968）同样的结论。Sandmo（1970）除了分析了收入的不确定性对于消费者消费储蓄决策的影响，还分析了资本投资收益的不确定性对于消费者消费储蓄决策的影响。在 Sandmo（1970）的分析框架中，当存在资本投资收益的不确定性时，消费者的优化问题依然选择第一期的最优消费量以最大化两个时期的期望效用函数 $E[U] = \int U[C_1,(Y_1-C_1)(1+x)]g(x)dx$，其中 x 是资本的随机收益率，g(x) 是 x 的一个主观概率密度函数。该优化问题的一阶必要条件就是：$E[U_1-(1+x)U_2]=0$。为了检验风险增加的效应，Sandmo（1970）将资本的收益改写为满足 $dE[\gamma x+\theta]=0$ 条件的 $\gamma x+\theta$ 形式，然后将一阶必要条件对 γ 求导，并计算出在 $\gamma=1$ 和 $\theta=0$ 处的值，便可以得到如下形式的函数关系式：$\partial C_1/\partial\gamma = -(1/H)KE[(U_{12}-(1+x)U_{22})(x-\mu)]+(1/H)E[U_2(x-\mu)]$，其中 H 定义为：$H=E[U_{11}-2(1+x)U_{12}+(1+x)^2U_{22}]<0$。很自然地就可以发现，资本投资收益不确定性对于消费储蓄行为的影响由收入效应和替代效应两部分构成。对上述结果一个更加直观的解释是：一方面，风险程度的增加使得消费者更加不愿意将其资产暴露在损失的可能性下，因此，对消费存在正的替代效应。另一方面，风险增加使得消费者有必要储蓄更多，以便保证自己未来消费水平不会变得很低，这就是对消费的负的收入效应。而 Marshall（1920）对资本投资收益不确定性的陈述实际上仅仅主要考虑到了替代效应，或者考虑的是替代效应大于收入效应的情形。

随后，Miller（1974，1976）和 Sibley（1975）等先后在更加一般化的多时期动态决策模型中研究了不确定性条件下消费者的预防性储蓄动机。他们也发现，当效用函数分离可加时，只要消费者具有凸边际效用的凹效用函数，那么当未来在确定性条件下的实际收入与不确定性条件下风险收入的预期均值相等时，消费者在不确定性条件下的最优消费支出水平会低于在确定性条件下的最优消费支出水平，且随着不确定性的增大，消费水平会降低得更多。其结论与在两时期模型中得到的结论完全一致。

上述文献均证实，效用函数三阶导数大于零是消费者存在预防性储蓄动机的充分条件，但是文献中并没有为预防性储蓄动机的存在条件提供更加详细的经济解释。Menegatti（2007）则在一个两时期模型中对预防性储蓄和消费者风险态度之间的关系进行了研究。为了简化分析，Menegatti（2007）假设利率和主观贴现率为零，第一期的确定收入为 y_0，第二期的不确定收入为 y_1，不确定条件下消费者的最优储蓄率为 $\hat{s}$，于是消费者的总效用水平可以表示为：$u(y_0-\hat{s})+E[u(y_1+\hat{s})]$。特别地，上式又可以等价地表述为：$u(y_0 - \hat{s}) + u(E[y_1] + \hat{s}) - \pi(y_1 + \hat{s})$，其中 $\pi(y_1 + \hat{s})$ 最初由 Friedman 和 Savage（1948）引入，并被 Stone（1970）称为"广义风险度量"（generalized risk measure）。$\pi(y_1 + \hat{s})$ 恰好度量了由于第二期的随机收入是随机变量 y_1 而不是确定的收入 $E(y_1)$ 所引起的效用水平的降低。再将广义风险度量指标 $\pi(y_1 + \hat{s})$ 代入消费者的效用函数，便可以得到等式 $u'(y_0 - \hat{s}) = u'(E[y_1] + \hat{s}) - \pi'(y_1 + \hat{s})$。很容易证明，当 $\pi'(y_1 + \hat{s}) < 0$ 时便有 $\hat{s} > s$，即存在预防性储蓄。因此，Menegatti（2007）认为，预防性储蓄动机是风险规避的消费者为减少不确定性所产生的负效用的欲望，并指出消费者的预防性储蓄动机和风险态度可以具体地表述为如下关系：消费者是风险规避的，则未来收入的不确定性将会使得效用水平下降，如果这种效用水平的下降是随消费水平的增加而递减的，那么消费者就会存在将财富从完全确定的时期转移一部分到不确定的时期进行消费的预防性储蓄动机。这一结论为预防性储蓄提供了新的洞察，也为三阶导数大于零的条件提供了一个新的解释，并且对风险规避指数单调性和预防性储蓄之间的关系提供了一个新的结论。

2.2.3 预防性储蓄动机强度

在关于预防性储蓄动机研究的文献中我们发现，风险规避理论和预防性储蓄理论在形式上十分的相近，"效用函数三阶导数大于零意味着存在预防性储蓄动机"正如同"效用函数二阶导数小于零就意味着风险规避"的表述。实际上，风险规避理论和预防性储蓄理论在更深层次的意义上具有很大的相似性，且对于研究不确定性条件下消费者的消费储蓄行为具有重要的借鉴和参考意义。正是在参照风险规避理论的相对风险规避系数和绝对风险规避系数两个概念的基础上，Kimball（1990）建立了相对谨慎系数 $-v'''c/v''$ 和绝对谨慎系数 $-v'''/v''$，并证明绝对谨慎系数是预防性储蓄动机强度的重要测量指标，犹如绝对风险规避系数 $-v''/v'$ 是测量风险规避强度的指标一样。Kimball（1990）首先定义了等价预防性升水（equivalent precautionary premium）和补偿预防性升水（compensating precautionary premium）两个概念。令 $\theta = \theta_0 + \tilde{\theta}$，其中 θ_0

是确定的数量，$\tilde{\theta}$ 是一个随机变量，如果对于一些 δ_1 它满足：$E\partial V(\theta_0 + \tilde{\theta}, \delta_1)/\partial \delta = \partial V(\theta_0 - \psi, \delta_1)/\partial \delta = 0$，则 ψ 是一个对于 $\tilde{\theta}$ 的"等价预防性升水"。也就是说，等价预防性升水 ψ 相当于 θ 从初始值 θ_0 减少的一个确定值，使得它和额外的随机扰动项 $\tilde{\theta}$ 对决策变量的最优值具有相同的影响。同理，将 ψ^* 称为一个对 $\tilde{\theta}$ 的"补偿预防性升水"，如果满足：$E\partial V(\theta_0 + \tilde{\theta} + \psi^*, \delta_0)/\partial \delta = \partial V(\theta_0, \delta_0)/\partial \delta = 0$。因为等价预防性升水和补偿预防性升水都近似地等于 $-v'''/v''$ 与风险因素的方差的一半的乘积，而且对于任意两个效用函数 v_1 和 v_2，如果有 $-v_2'''/v_2'' > -v_1'''/v_1''$，那么都有 $\psi_2 > \psi_1$ 和 $\psi_2^* > \psi_1^*$，所以，绝对谨慎系数 $-v'''/v''$ 是衡量消费者预防性储蓄动机强度的一个很好的指标。

在 Kimball（1990）的研究基础上，关于预防性储蓄动机强度的经验研究广泛展开。大多数经验研究文献主要以 Dynan（1993）所提出的预防性储蓄模型为基础，通过二阶泰勒近似得到计量模型：$E_t[gc_{it}] = \beta_0 + \beta_1 \cdot E_t[gc_{it}^2] + \varepsilon_{it}$，其中被解释变量 gc_{it} 表示每一时期的消费增长率，解释变量 gc_{it}^2 则是消费增长率的平方，系数 $\beta_1 = -u'''(c_{it})c_{it}/2u''(c_{it})$。然后，通过估计参数 β_1 来判断消费者的预防性储蓄动机强弱。但是，早期很多文献都认为预防性储蓄动机在经验上并不显著。例如，Dynan（1993）使用1985年消费者支出调查（Consumer Expenditure Survey，CES）数据的实证结果却发现 β_1 的估计值最高才为0.156，并且置信水平为95%的置信区间为 [−0.062, 0.374]。同样，Merrigan 和 Mornandin（1996）基于英国居民消费数据所估计的相对谨慎系数也仅在0.78~1.33之间。Kuehlwein（1991）甚至认为存在负的预防性储蓄动机。Lee 和 Sawada（2007）认为先前大多数经验研究的结论认为消费者的谨慎系数较小，一个重要的原因就是忽略了流动性约束对于消费者优化问题欧拉方程所产生的潜在遗漏变量偏误问题，他们将 Dynan（1993）的分析框架和 Zeldes（1989a）的流动性约束模型整合，并采用 Dynan（1993）所使用的消费者支出调查（CES）数据进行经验分析，结果发现，控制了流动性约束这一变量后，消费者的相对谨慎系数在0.838~1.094之间，即忽略了流动性约束会导致相对谨慎系数产生14%~46%的下偏。

第2章 预防性储蓄理论产生与发展：一个综述

在研究消费者预防性储蓄动机强度的后续文献中，预防性储蓄模型得到了进一步的扩展。一些文献将"习惯形成"纳入预防性储蓄模型。在前述研究预防性储蓄的文献中，学者们大都忽略了消费者可能的"习惯偏好"对其最优消费—储蓄的选择。事实上，如果消费受到习惯的影响，当期的效用不仅依赖于当期的消费量，还依赖于滞后消费表示的"习惯存量"，则消费者的消费行为将更为谨慎从而导致消费推迟，储蓄增多。Deaton（1992），Seckin（1999），Carroll、Overland 和 Weil（2000）等研究均表明，习惯形成会使得消费者的储蓄动机更强烈。因此，在研究预防性储蓄动机时，如果不考虑习惯形成效应可能的干扰因素，则回归结果极有可能高估了居民的预防性储蓄动机。Alessie 和 Lusardi（1997）、Dynan（2000）、Guariglia 和 Rossi（2002）等文献先后在预防性储蓄模型中考虑了消费者的习惯形成，并提出了在习惯形成偏好结构下检验消费者预防性储蓄动机强度的计量模型，并进行计量分析，结果发现，在控制了消费者的习惯偏好后消费者依然具有显著的预防性储蓄动机。还有一些文献则在预防性储蓄模型中将消费者的消费支出进行了细分。例如，Wilson（1998）将消费者的消费支出区分为耐用品消费支出和非耐用品消费支出，并构造出该框架下检验消费者预防性储蓄动机强度的三元 ARCH 模型，然后采用时间序列进行计量分析。需要注意的是，前述研究主要是基于传统的期望效用理论。在期望效用理论中，消费者的风险规避系数是跨期替代弹性的倒数。事实上，风险规避系数可能是部分独立的，期望效用理论并不能很好地刻画消费者的偏好结构。因此，在期望效用理论下，预防性储蓄研究的实证结果与理论预测往往相反，如 Kuehlwein（1991）和 Dynan（1993）等。近年来，对于预防性储蓄理论的一个重要推进就是非期望效用偏好结构逐渐受到重视，越来越多的文献在消费者具有非期望偏好结构的条件下进行理论和经验分析。如 Epstein 和 Zin（1989，1991）、Weil（1990）和 Farmer（1990）等发展了非期望效用理论模型，并逐渐被引入到消费者跨期决策模型中来。Yi 和 Choi（2006）、Guariglia 和 Rossi（2002）基于非期望效用函数检验了不确定性条件下消费者的预防性储蓄动机，结论认为，预防性储蓄假说在期望效用理论下不能成立，但是在非期望效用理论下得到了验证。

2.2.4 预防性储蓄的重要性

关于预防性储蓄的另一类经验研究是对预防性储蓄重要性的研究。预防性储蓄重要性研究关心的是消费者的预防性财富（precautionary savings，或 precautionary wealth）能够在多大程度上解释消费者的储蓄或财富积累。这一问题显然不能等同于消费者预防性储蓄动机的强弱。消费者存在预防性储蓄动机是消费者积累预防性财富的必要条件，但是消费者预防性储蓄动机的强（或者弱）并不一定说明预防性财富在总财富中所占的比例就高（或者低）。

由于在不确定性条件下不可能对于任何形式的效用函数都求解出明确的显示解，所以对于预防性储蓄重要性的研究，国外文献通常所采用的方法主要有以下几种：

一是采用数值模拟的办法。虽然，当不确定性等价不再成立时难以求得不确定性条件下消费者跨时期优化模型的解析解，但是，随着计算机技术的发展，经济学家可以使用计算机容易地求解出模型的数值解。这为预防性储蓄的重要性研究提供了一个有效的工具。我们只需要设定好消费者的目标函数和约束条件，就可以近似地求解出消费者在确定性条件下和不确定性条件下的消费和储蓄路径，然后将两者进行比较便可得到相应的预防性储蓄量。如 Hubbard 和 Judd（1987）、Skinner（1988）、Zeldes（1989b）、Carroll（1992）和 Aiyagari（1994）等文献就采用数值模拟的方法来研究了预防性储蓄对财富积累的贡献。当然，该方法有一定的局限性。对于数值模拟，其局限性首先在于模型设定都比较简单，其次是需要提前对一些参数进行主观的赋值，并且参数也常常受到一些限制（郭香俊和杭斌，2009）。

二是采用实验室研究的方法。自 20 世纪 40 年代 Chamberlin 在课堂上进行的关于市场机制的经济实验和 Smith（1962）首次发表关于双向拍卖的实验经济学论文以来，实验经济学已经逐渐成为一个独立的学科并登上主流经济学的舞台。实验经济学的产生，使得我们可以像其他自然科学一样，在完全受控的实验环境中检验经济理论或评价经济政策。Ballinger、Palumbo 和 Wilcox（2003）就采用实验方法研究了个人如何在生命周期内进行预防性储蓄的问题。但是，该方法也存在一些不足。

比如，由于参与实验的被试太少，其结果不具有代表性，或者实验中货币激励作用太弱而有其局限性。

三是基于特殊的效用函数。在预防性储蓄模型中，只要采用某些特殊形式的效用函数来刻画消费者的偏好结构，我们便可以推导出消费者关于消费和储蓄函数的显示解。比如 Caballero（1990，1991）就基于常绝对风险规避型（CARA）效用函数求解出了消费者在面临收入不确定性时，整个生命周期内的消费、储蓄和财富累积函数，并测算了预防性财富在总财富中所占的比重。这一方法，在预防性储蓄重要性研究的文献中广泛地被采用。

四是基于约简式方程。为了避免模型的求解问题，一些文献根据生命周期—持久收入假说和预防性储蓄理论的内在含义，构造出约简式的计量方程（reduced-form equation）来检验消费者的预防性储蓄行为。比如，Lusardi（1998）提出最佳财富收入比模型，将每个家庭的财富与持久收入的比值 w_h/y_h^p 看作是家庭年龄结构 age、其他家庭特征 x_h 和未来收入不确定性 σ_h^2 的函数，即：$w_h/y_h^p = f(\text{age}, x_h, \sigma_h^2)$。该模型一方面暗含了生命周期—持久收入假说中"财富积累与持久收入之间存在一个最佳比例关系"的基本观点；另一方面又对生命周期—持久收入模型的结论做了修正，将不确定性因素也引入消费者的储蓄函数中，认为消费者存在预防性储蓄动机（即 σ_h^2 的系数为正）时，消费者的实际财富积累和持久收入之间的比例会随着不确定性 σ_h^2 的变大而提高。基于上述约简模型，便可以求得预防性财富在总财富中的比重。

但是，对于预防性储蓄重要性的研究，不同的文献得出的结论却不尽相同。Skinner（1988）认为美国居民的预防性储蓄在总储蓄中所占比例达到56%。Caballero（1991）也认为收入不确定性所导致的预防性储蓄是美国总财富积累的一个重要来源，预防性储蓄动机能够解释美国财富积累的60%。相反，也有一些文献认为，预防性储蓄并不是很重要。Lusardi（1998）使用美国健康与退休研究（HRS）的数据实证研究发现，美国家庭虽然存在显著的预防性储蓄动机，但是预防性储蓄对财富积累的贡献却不是很大，只占到整个财富积累的1%~3.5%之间。Guiso、Jappelli 和 Terlizzese（1992）使用来自意大利的家庭收入与财富调查（SHIW）数据，实证结果表明预防性储蓄只占总储蓄的很小一部分。

2.2.5 关于不确定性的分解

Leland（1968）和 Sandmo（1970）开创性的研究以来，许多不确定性条件下的经济决策模型都假设只存在一种不确定性。然而，经济决策者通常都会面临许多种类的不确定性。人们在对某一个不确定性做出决策时，通常还会面临着许多其他可能与之相互影响的不确定性。例如，人们的预防性储蓄决策不仅依赖于未来收入的不确定性，还依赖于投入股市或其他不确定性金融资产的投资收益的不确定性，甚至还依赖于健康不确定性和环境不确定性等非金融背景风险。这些风险可能与收入风险同样重要。大量研究背景风险对保险需求影响的文献（如：Doherty 和 Schlesinger，1983；Eeckhoudt 和 Kimball，1992；Hau，1999；Rey，2003；等）和研究风险规避行为的文献（Pratt，1988；Gollier 和 Pratt，1996；Eeckhoudt、Gollier 和 Schlesinger，1996；等）都表明，忽略各种风险之间的相互影响，可能会显著影响对不确定性条件下决策行为的研究。因此，由此产生了一个问题——考虑到另外途径的风险因素时，以前有关预防性储蓄的结论是否依然成立？

Courbage 和 Rey（2007）则研究了同时存在多种风险时"消费者效用函数三阶导数为正是否依然定义了消费者的预防性储蓄动机"这一问题。他们在文中主要考察了伯努利分布的随机变量和一阶随机相关两种序列相关情况。研究表明，当两种风险相互独立时，效用函数三阶导数为正依然是存在预防性储蓄的充分必要条件。但是，当各种风险相互之间并不独立时，消费者面临多重风险和面临一种风险时进行预防性储蓄的激励是不一样的，在此情况下存在两个机制激发消费者的预防性储蓄动机：（1）效用函数三阶导数的符号所决定的谨慎效应；（2）风险和效用函数关于风险之间相关性的函数特征所决定的风险的交互效应。此时，保证消费者存在预防性储蓄动机的充分条件则更加复杂。随后，Menegatti（2009a，2009b）又对 Courbage 和 Rey（2007）的研究做了进一步分析和重新解释，并且指出忽视背景风险可能会引起对消费者预防性储蓄动机强度的高估或低估。

2.2.6 社会福利政策对预防性储蓄的影响

如定义所示,预防性储蓄是针对未来不确定性进行的自我保险。与自我保险相对的是社会保障。从直觉上来讲,自我保险与社会保障之间应该存在一种相互替代的关系。因此,我们可以预期,养老保险、失业保险、医疗保险等社会福利政策的实施将会在一定程度上降低消费者的预防性储蓄动机。关于社会福利政策对预防性储蓄的影响,国外学者做了大量研究。

Starr-McCluer(1996)采用1989年SCF(the 1989 Survey of Consumer Finances)数据进行经验分析,发现医疗健康保险制度覆盖到的家庭反而比没有覆盖到的家庭持有更多的资产。但是,Gruber和Yelowitz(1999)采用SIPP(the Survey of Income and Program Participation)数据和CES(the Consumer Expenditure Survey)数据进行计量分析,结果发现,医疗补助对消费支出具有显著的正向作用,而对家庭财富积累具有显著的负向作用。同样,Chou、Liu和Hammitt(2003)采用DID(difference-in-difference)方法检验了国民医疗健康保险对中国台湾居民预防性储蓄的影响,通过比较处理组和控制组也发现,医疗健康保险可以通过降低未来医疗支出而减少家庭的预防性储蓄。另外,Engen和Gruber(2001)还研究了失业保险对家庭预防性储蓄的影响,其经验证据表明,失业保险收益置换率(unemployment insurance benefit replacement rate)降低50%将会使得家庭的金融资产增加14%,而且对于那些面临更高失业风险的家庭而言,失业保险的这种挤出效应更加明显。

2.3 国内研究现状

2.3.1 中国居民的预防性储蓄行为

国内关于预防性储蓄的研究主要集中于对中国居民预防性储蓄动机存在性或预防性储蓄动机强度的检验。例如,宋铮(1999)运用1985~

1997 年的年度时间序列数据，以居民的收入标准差作为未来收入不确定性的代理变量，对居民储蓄额的年增加值进行回归分析，结果表明，中国居民对于未来收入的不确定性具有正向的储蓄动机。但是，宋铮（1999）的经验分析尚存在一些不足：一是模型中的解释变量和被解释变量并非同阶单整，二是将城镇居民的收入标准差作为城乡居民所面临的收入不确定性的代理变量存在测量误差。由于中国存在相对严重的城乡二元经济结构，一些国内学者在研究策略上通常将城市和农村居民作为两个样本独立进行分析。例如，孙凤和王玉华（2001）采用 1991～1998 年间 35 个大城市居民的月度消费数据进行计量检验发现，未来不确定性会降低城市居民当期的消费支出，且造成城市居民消费行为变异的主要因素是收入不确定性、支出不确定性和流动性约束。龙志和与周浩明（2000）采用 1991～1998 年的省级面板数据对中国城市居民的预防性储蓄动机强度进行检验，结果发现，样本期间内城市居民的相对谨慎系数大约为 5.0834，存在较强的预防性储蓄动机。而施建淮和朱海婷（2004）采用 1999～2003 年 35 个大中城市的居民消费数据进行计量分析，结论认为城市居民的相对谨慎系数仅为 0.878，虽然存在预防性储蓄动机，但是不强烈。周建（2005）运用 1978～2003 年农村居民消费数据检验农村居民的预防性储蓄动机强度，所得到的农村居民相对谨慎系数为 5.144。易行健等（2008）根据 1992～2006 年的省级面板数据检验中国农村居民的预防性储蓄动机则认为，从全国平均来看，农村居民相对谨慎系数为 11.534 左右，存在很强的预防性储蓄动机。另一些学者（如：刘兆博和马树才，2007；万广华等，2003；周绍杰，2010；和黄祖辉等，2011；等）则分别采用 CHNS 数据、农户家庭调查资料、中国城市住户调查数据和浙江省农村固定观察点数据等微观调查数据对农村或城市居民的预防性储蓄动机进行了检验，也证实了中国城乡居民均存在预防性储蓄动机。

国内学者还对城乡之间、地区之间的居民预防性储蓄动机强度进行了对比分析。杜海韬和邓翔（2005）、杜宇玮和刘东皇（2011）、凌晨和张安全（2012）等文献分别在统一的理论框架下对比分析了城乡居民的预防性储蓄行为，结论一致认为，相对于农村居民，城市居民存在着更强的预防性储蓄动机。由于区域之间的发展不平衡，各地区之间居民的预防性储蓄行为也存在较大差异。易行健等（2008）发现，西、中、东部地区农村居民的预防性储蓄动机呈雁行态势,其中西部地区农村居民的预防性储蓄动机最强,相对谨慎系数大约为14.694,其次是中部地区,相对谨慎系数大约为10.32,最后是东部地区,相对谨慎系数为9.624。

从时序上来看,居民的预防性储蓄动机强度也是存在变化的。杭斌和申春兰(2005a)建立了一个约简式方程,并根据1985~2002年农村住户调查数据得出结论认为,在1997年前后,中国农村居民的长期边际消费倾向发生了显著的变化。邓翔和李锴(2009)指出,在改革初期,由于身处计划经济体制之下,消费者并不存在明显的预防性储蓄动机;在改革时期,由于面临众多不确定性因素,消费者的预防性储蓄动机十分明显。汪浩瀚和唐绍祥(2010)的研究也表明,中国农村居民预防性储蓄动机强度呈现出结构性断点。易行健等(2008)则认为农村居民预防性储蓄动机在1992~2006年间表现出先上升后下降的趋势,这与凌晨和张安全(2012)的结论也基本一致。针对我国转型期间经济制度变革情况,齐天翔(2000)提出了中国居民预防性储蓄"倒U"型曲线假说。他指出,转型期间随着改革的推进和制度的完善,居民所面临的不确定性会经历一个由小到大再变小的过程,居民的预防性储蓄也会经历一个先增后减的过程。

与消费者预防性储蓄动机相关的还有一个问题就是预防性储蓄的重要性问题,也即消费者的储蓄中有多大比例属于预防性储蓄。国内关于预防性储蓄在消费者储蓄中所占比重这一问题的研究还相对较少。截至目前,从对国内文献的搜索结果来看,主要是王辉和张东辉(2010)、雷震和张安全(2013)等做了相关研究。其中,王辉和张东辉(2010)利用消费的资产定价模型对我国居民2001~2008年月度消费数据进行实证分析,计算得出我国居民预防性储蓄占储蓄存款的比重达到83.7%左右。但是雷震和张安全(2013)根据2005~2009年281个地级城市消费数据的分析结果认为,预防性储蓄只能解释我国居民财富积累的20%~30%。这些结论的差异可能是由于理论模型设定和分析方法的差异导致的,也可能是由于关键指标的选取存在差异导致的。为了得到更加令人信服的结论,我们需要进一步采用不同的方法或不同的数据进行研究。

2.3.2 预防性储蓄的主要影响因素

长期以来，预防性储蓄文献都将消费者的预防性储蓄行为产生的原因归结于收入不确定性，但是邓可斌和易行健（2010）在预防性储蓄模型中考虑了消费者的异质性后，结果发现不确定性并不完全取决于收入不确定性。因此，除了关注收入不确定性对中国居民消费行为的影响，部分学者也探寻了除收入不确定性以外的其他引致中国居民预防性储蓄的主要风险因素。比如骆祚炎（2007）发现，将居民对支出增长的预期引入消费决策模型后，对分析居民消费和储蓄行为具有十分重要的意义。根据骆祚炎（2007）的计量分析，支出增长预期对消费的影响显著为负，其系数大约为 -0.03。① 这意味着引起消费者边际消费倾向发生变化的主要是消费者对支出结构的预期，而非对未来收入的预期。支出预期影响消费者的储蓄行为便对传统预防性储蓄理论只关注收入不确定性提出了质疑。朱宪辰和吴道明（2001）、罗楚亮（2004）、李勇辉和温娇秀（2005）等则更加详细地指出中国居民预防性储蓄行为的产生主要是由于社会保障制度的薄弱和教育、医疗、养老和住房等消费支出的不确定性引起的。除了收入不确定性，目前关注最多的不确定性因素主要是以下几个。

（1）投资收益的不确定性。消费者跨期消费决策问题实质上也是跨期投资储蓄决策问题，因此必然会涉及金融市场的投资收益问题。徐绪松和陈彦斌（2003）将投资收益不确定性引入传统的预防性储蓄模型，从总体不确定性中分离出投资收益不确定性，以此得到检验在投资收益风险下消费者预防性储蓄动机的计量公式。但是，徐绪松和陈彦斌（2003）在文中并未结合中国实际数据进行相关的经验分析。目前，关于投资收益不确定性与我国居民预防性储蓄行为之间的经验研究还相对较少。

（2）教育支出的不确定性。受中国传统文化思想的影响，教育支出是中国家庭的一项重要支出，因此教育支出的不确定性对居民的预防性储蓄有着重要影响。杨汝岱和陈斌开（2009）利用 CHIP 数据从高等

---

① 正如骆祚炎（2007）在文中所指出的那样，该影响系数由于是通过对变量求差分后得到的，因而其经济意义不是很明显。

教育支出的角度探讨了预防性储蓄的微观基础，分析结果认为高等教育支出对居民消费的影响很明显，高等教育支出会使得居民边际消费倾向下降大约12个百分点。郭香俊和杭斌（2009）结合山西省的实际情况来研究教育支出不确定性对于消费者储蓄行为的影响时，也发现教育价格大幅上涨所引起的家庭教育支出不确定性增大是消费者消费储蓄行为更加谨慎的重要原因。

（3）医疗支出的不确定性。医疗支出的不确定性是消费者面临的三个非系统性风险因素之一（hubbard、Skinner和Zeldes，1994b）。黄学军和吴冲锋（2006）的理论分析发现社会医疗保险等社会福利政策的实施会对居民的预防性储蓄产生挤出效应，从另一个侧面证实了医疗支出不确定性对消费者预防性储蓄行为的强化作用。另外，还有解垩（2010）通过选取1989~2006年间7次CHNS调查数据也从实证的角度检验了医疗支出不确定性与居民预防性储蓄之间的关系。但是，解垩（2010）并没有得到医疗保障支出挤出预防性支出的经验证据，反而认为医疗保险制度的改革在很大程度上强化了贫困居民的预防性储蓄行为。之所以得到如此违反直觉的结论，主要是因为解垩（2010）在其回归分析中没有控制医疗保险制度改革前后医疗支出不确定性的大小。通过数据可以发现，随着医疗保险制度的改革，医疗支出的不确定性也在随之增加，而且是低收入者的不确定性增加得更多。因此，如果考虑到医疗支出不确定性的这一变化后，我们其实也可以预期医疗保障支出会降低消费者的预防性储蓄动机。

（4）住房支出的不确定性。住房支出的不确定性也是当前我国居民面临的不确定性因素之一。王天骄（2010）将住房消费支出不确定性引入模型并采用1986~2007年间的时间序列数据进行估计，结果发现在控制了医疗支出不确定性和教育支出不确定性后，住房支出不确定性对居民消费支出的抑制作用并不明显。但是，徐小鹰（2012）认为，房价波动会通过预防性储蓄效应抑制居民的消费支出，且短期影响系数小于长期系数。

（5）就业状态的不确定性。随着中国从计划经济走向市场经济过程中劳动力市场的改革，终生就业的铁饭碗制度基本被打破，失业问题已然成为居民必然面临的重大经济和社会问题。特别是随着近些年来失业的增加，消费者在对未来进行预期时也开始将就业问题作为重点关注对象。因此，也有许多文献开始研究失业对居民预防性储蓄行为的影响，检验消费者是否会对未来可能发生的失业冲击而进行更多储蓄以平滑消费。孟昕（2001）等文献就发现预期失业会使得目前尚未失业的家庭产生强烈的储蓄动机。

（6）流动性约束的影响。正如 Carroll 和 Kimball（1996，2001）所指出的流动性约束也会通过不确定性对消费者的预防性储蓄行为产生影响那样，国内大量经验研究流动性约束是导致我国居民进行预防性储蓄的重要原因。例如，裴春霞和孙世重（2004）选取 1978～2001 年间的时间序列数据分析发现消费者的消费行为明显受到流动性约束的作用。将城市居民和农村居民分别进行分析，结论也是如此，如杜海韬和邓翔（2005）。杭斌和申春兰（2005b）采用 1978～2003 年间中国城市居民消费数据进行分析，他们发现当存在流动性约束风险时，城市居民普遍会持有更多的储蓄，具有强烈的自我保障意识。田岗（2005）选取 1978～2002 年间中国农村居民消费数据进行分析，结果表明当农村居民面临融资约束时其消费更加保守，而且其保守程度与农村居民所面临的融资约束强度是正向相关的。

（7）寿命预期的不确定性。消费者是在生命周期内优化配置消费资源的，故寿命预期的不确定性也是消费者面临的重要风险因素之一。由于寿命预期不确定性的数据难以获得，因而在文献中主要是通过计算机动态模拟来进行分析。根据张继海（2008）的研究可知，消费者在预期寿命无法确定的情况下的储蓄水平要远远高于寿命确定情况下的储蓄水平，以至于在生命周期结束时还可能存在非自愿遗产。袁志刚和宋铮（2000）通过将人口年龄结构引入模型，考察了人口年龄结构和养老保险制度对消费者储蓄行为的影响。结论认为，人口年龄结构变化是居民消费行为变异的重要决定因素，而养老保险制度则可以改变消费者的消费和储蓄行为。

对于这些不确定性因素对居民预防性储蓄行为的影响作用大小及其差异也是学者们所关心的问题。邓翔和李锴（2009）对 2000～2006 年间中国居民消费的季度数据采用向量自回归模型（VAR）检验了失业风险、医疗支出风险、教育支出风险和居住支出风险对于居民预防性储蓄的影响，结果发现，这些不确定性因素对于居民预防性储蓄行为的影响是动态变化和存在差异的。在改革初期居民主要是对失业风险十分敏感，但是到改革的后期消费者更加关注的则是消费支出的不确定性。在这些支出不确定性中，消费者更加关注的又是医疗支出不确定性和住房支出不确定性，而对于教育支出不确定性并不十分敏感。

2.4　简要评述

首先，与国外文献相比，国内对于预防性储蓄的研究相对滞后。通过前两节对国内外文献的回顾，我们认为国外文献对于预防性储蓄的理论和经验研究已经较为全面和系统，相对较弱的是对多重风险下预防性储蓄的理论研究。国内对于预防性储蓄的研究则主要集中在经验分析，而且集中在对城乡居民预防性储蓄动机强度的检验，对于相对重要的"预防性储蓄重要性"问题则较少有文献涉及。因此，预防性储蓄是否是引起我国高储蓄率的主要原因还知之甚少。这也将是本书的重点研究对象。

其次，国内大部分研究主要是以 Dynan（1993）所提出的预防性储蓄模型为基础，通过泰勒近似，从消费者优化问题的欧拉方程推导出不确定性和消费支出之间的线性方程式，然后通过估计相对谨慎系数的大小来判断消费者是否存在预防性储蓄动机。沿用这一方法，现有文献常常忽略了两个问题：第一，Kimball（1990）的研究认为绝对谨慎系数才是衡量居民预防性储蓄动机强度的指标；第二，没有对该模型下的待检验假设进行深入的分析，而直接以相对谨慎系数是否大于零作为存在预防性储蓄动机与否的标准是有待商榷的。

再次，对预防性储蓄的研究，国内文献主要采用的是个人主义的分析方法，即假设典型的代表性消费者最大化个人的终生效用水平。显然，这样的假定在中国不具有现实基础。正如雷震和张安全（2013）指出，考虑到中国特有的传统文化特征，家庭观念往往根植于每一个人的思想之中，中国家庭内部成员之间的家庭纽带更为紧密。因此，和西方国家相比，在中国，尤其是在中国的农村地区，往往家庭才是经济活动最基本的微观决策单位，居民的货币收入大多数以家庭为单位进行消费，家庭的消费也以消费品共同使用、消费支出统一安排为特征。因此，为了刻画这一重要特征，对于消费者的优化问题，在理论模型构建过程中应该尝试以家庭作为消费储蓄决策的基本决策单位构建理论模型，并在此基础上采用经验数据进行分析。

最后，Thaler（1985）指出人们存在多重心理账户，这意味着人们并非对于各种形式的收入和各个方面的消费支出都一视同仁，其消费储蓄行为可能对于某些渠道的收入和某些方面的支出更加谨慎。因此，仅仅发现居民存在预防性储蓄动机，还无法进一步有效地为相关部门提供可行的政策建议。现有国内文献通常将每一期实际消费支出的不确定性作为解释变量考察居民的预防性储蓄行为，而从实际消费支出的不确定性中分离出收入不确定性、投资收益不确定性和各项预期支出不确定性的文献还相对较少。尽管部分文献开始尝试分析不同不确定性因素对消费者影响的差异，但是其分析结论或多或少地存在一些冲突，没有形成完全的统一的定论。

2.5 小　　结

从本章对预防性储蓄理论的国内外研究文献的介绍来看，国外对于预防性储蓄理论的研究文献较为丰富，研究成果也日趋成熟。而国内对于预防性储蓄的研究虽然已经历经十载有余，但是国内学者对于预防性储蓄理论的研究和运用仍然处于初步阶段，未来还有很大的可研究空间。根据现有国内文献中通常存在的一些不足和缺陷，未来的研究应该集中在以下几个方面：一是，在引用国外理论时要结合中国国情，避免直接照搬照抄国外理论，需要把理论模型所刻画的经济决策背景与我们所要分析的客观实际环境相对比，并在此基础上对理论模型加以改进再运用，只有如此才能确保先进的理论模型在分析中国问题的过程中发挥最大的功效。二是，要扩展研究范围，避免对中国居民预防性储蓄动机存在性的重复研究，对这一问题的研究，国内现有文献已经基本得到了较为一致的结论。今后的研究重点应该是居民预防性储蓄的测度，目前国内还缺乏对于这一问题相应的研究，但是回答这一问题无疑具有重要的理论意义和现实价值。三是，加强政策研究、评估政策效果。理论研究最终是要指导实践，而根据理论得到的政策并不一定有效，比如我国不断推出各项刺激消费的政策，但是城乡居民的储蓄率却不断升高。探寻各项政策成功或失败的背后深层次原因对于检验理论和发展理论也具有重要的意义。

第3章 不确定性下的消费决策问题

关于不确定性的较早研究可以追溯到 Knight（1921）等文献。在此之前，在传统经典的经济模型中，通常都是研究消费者在一个人为构建的确定性条件下所做出的选择问题，而忽视了不确定性在人们的经济活动中所扮演的角色，即使是在跨期优化决策的动态分析模型中也是如此，整个经济系统是完全确定的，消费者具有完备的信息，对于未来的所有变化以及这些变化所遵循的客观规律都是无所不知的。因此，在传统的经济理论中，整个经济社会是一个封闭的和完全确定的"静态社会"。显然，未来可知这一"静态社会"的假设太过严苛。事实上，只要人们的决策行为和决策行为的后果不是同时发生，也就是说决策后果相对于决策行为本身存在时间上的滞后，哪怕是很微小的时间间隔，那么几乎人们所有的经济决策都具有不确定性特征。比如，人们今天为明天进行了储蓄，但是却不敢保证今日储蓄在明日能产生多大的资金流，甚至不敢保证自己明天还有机会存活于世去消费今天的储蓄。

人们所面对的所有经济过程本身都是具有前瞻性的，所以实在很难想象存在一个完全静态的经济社会。没有人能够对于未来可能面临的所有问题都提前了如指掌，真实的社会本就应该是一个幻化不定的动态社会。当然，"动态社会"并不就是说人们在当期做出任何经济决策时对于未来都是完全无知的。现实中人们总是会凭借着个人知识对未来的动态变化不断做出预测。但是由于认知能力的制约，人们并不能对未来变化做出完美预测。因此，人们对于未来世界的认识通常是介于一无所知和无所不知之间，所有的决策也都是在不确定性条件下做出的。出于上述原因，我们就应该在研究消费者的消费储蓄行为时充分考虑不确定性的存在。

本章安排如下：3.1 节介绍了不确定性的基本概念、不确定性的类型，以及本书中所指不确定性的基本内涵；3.2 节对不确定性条件下的选择公理和期望效用理论做一个简单回顾和介绍；3.3 节介绍不确定性条件下的跨期消费决策模型，以及不确定性对消费者最优消费决策行为的影响；3.4 节介绍了中国转型期间的不确定性现状，指出预防性储蓄理论模型在研究中国居民储蓄行为方面潜在的适用性；3.5 节是小结部分。

3.1 不确定性的概念

在经济学中，不确定性一般是指未来事件以概率 P 置于各种可能结果之下的情形。从不确定性的产生根源来看，可以将其区分为客观不确定性和主观不确定性两类（高宇和刘华军，2008）。其中，客观不确定性是源于客观世界本身所具有的不确定性性质，比如我们抛掷一枚硬币时，尽管我们都确切地知道结果可能是 50% 的机率正面朝上，也可能是 50% 机率反面朝上（虽然在意外的情况下还可能着地不倒，但是我们可以认为这种情况几乎不可能发生），但谁都无法事先精确地知晓其结果属于哪一种情况。而主观不确定性则源于人们对客观世界的认知程度不够，也就是说即使客观事物是完全确定的，我们也会由于主观认知能力的制约而产生不确定性。客观不确定性和主观不确定性都普遍存在于现实生活中，而且两者往往会交织在一起。在经济学的相关研究中，我们可能更多地关注的是主观不确定性。

主观不确定性的产生原因有两个：（1）个人所拥有的信息不充分。随着人类经济活动范围的拓展，人们进行相关决策所需要的信息呈现出几何式增长。新古典经济学通常将获取这些信息的各种成本都忽略为零，因而并不存在信息不完备的问题。新制度经济学则认为获取信息也是有成本的，需要耗费一定的时间和资源，消费者不可能在给定的局限条件下获得所有相关信息才做决策。在信息不完备的基础上行事免不了就要面对各种不确定性。（2）个人的理性程度有限。即使人们具备了完全信息，他们处理这些信息的能力也是有限的，并不能轻易地计算出经济结果是什么，也只是模糊地知道经济结果的一个大致范围，由此也产生了不确定性问题。

第 3 章 不确定性下的消费决策问题

在不确定性的定义中，对于各种可能结果的发生概率并没有严格的界定，可以是客观固定的概率，也可以是主观的经验概率。需要注意的一点是，并不是所有的可能性都可以测度，根据 Knight（1921）对不确定性的区分，我们可以将不确定性分为两类：一是，人们对于未来事件在各种可能结果之间的概率分布 P 是已知的，也就是说人们能够对未来事件的所有可能结果完全地罗列出来，而且准确地知道每一个可能结果发生的概率。对各种可能结果发生概率的确定既可以是根据历史经验得到的客观概率，也可以是通过主观方式获得的主观概率。二是，人们对一些未来事件的变化一无所知，即人们并不能罗列出未来事件的可能结果，或者即使能够罗列出可能的结果但是也不能确定各种可能结果发生的概率。为了对这两种性质的不确定性加以区分，我们通常将前者称为可知概率的风险，后者才是真正的不确定性。相对于风险，不确定性是人类理性不及的地方，意味着人类的彻底无知。简言之，风险事件的发生是意料之中的，而真正不确定性事件的发生是意料之外的。

然而，对于完全不可度量的真正不确定性，难以将其模型化。因此，在本书中，我们考察的主要是可知概率的风险对于消费者消费决策行为的影响。对于真正不确定性的研究，我们实际上可以借助于实验经济学的方法。通过设计四组实验（第一组：完全确定条件下的实验；第二组：只有风险条件下的实验；第三组：只有不确定性条件下的实验；第四组：既有风险也有不确定性条件下的实验），我们便可以将风险和不确定性各自对于人们预防性储蓄行为的影响分离出来。这将是我们下一步的研究方向，在此处我们不展开分析。在后文中，除非特别说明，否则我们所提到的不确定性均主要指代的是风险。

本书只考察了风险这一类不确定性对于消费者行为的影响，并不是说真正不确定性对于消费者的影响就不重要。著名的"黑天鹅事件"[①]告诉我们"不知道的事情比知道的事情更加意义重大"。我们可以预期，真正不确定性对于人们的预防性储蓄决策影响可能更为显著，因为

---

① "黑天鹅事件"，指非常难以预测，且不寻常的事件，通常会引起市场连锁负面反应甚至颠覆。"黑天鹅"隐喻那些意外性事件，它们极为罕见，在通常的预期之外，在发生前，没有任何前例可以证明，但一旦发生，就会产生极端的影响。"黑天鹅事件"具有意外性以及产生重大影响，但人的本性促使我们在事后为它的发生编造理由，并且或多或少认为它是可解释和可预测的特点。

这种不可预知的冲击一旦发生,对于猝不及防的人们威胁更大。所以,本书仅仅是研究了不确定对于消费者消费决策行为影响的一个下限,结论相对保守。

3.2 不确定性条件下的消费决策原则

在确定性条件下,消费者的每一个消费决策与其在未来产生的经济结果是一一对应的单射关系。因此,我们能够直接计算出每一个消费决策给消费者带来的效用水平,然后选择能够产生最高效用水平的决策。在不确定性条件下,消费者的每一个消费决策 c_i ($i=1$, 2, …) 都会使得消费者面临着多种可能的结果 $w_i = (w_{i1}, w_{i2}, …, w_{in})$,以及出现每种可能结果的一个概率分布 $p_i = (p_{i1}, p_{i2}, …, p_{in})$。此时,消费者的消费决策将变得非常复杂。即使我们将上述不确定性情况简化到最简化的形式,消费者的决策也是困难的。

考虑一个 2×2 的情形,即消费者有两个可供选择的消费决策 c_1 和 c_2,每种选择只有两种可能的结果 c_{i1} 和 c_{i2} ($i=1$, 2,表示消费决策 1 或 2),以概率 p_{i1} 和 p_{i2} 发生,并假设消费者对于四种可能结果具有如下的偏好关系:$c_{11} > c_{21} \sim c_{22} > c_{12}$。我们知道,如果 c_{11} 发生,那么消费者就应该选择消费决策 c_1,如果 c_{11} 不发生,那么消费者就应该选择消费决策 c_2。对于消费者而言,可供选择的消费决策中并没有一个严格占优的策略,不管消费者选择的是 c_1 还是 c_2,都面临着是最好或最差选择的可能性。因此,消费者在不确定性条件下的消费决策行为在本质上就是赌博,如何研究不确定性条件下人们的决策行为就成了一个非常棘手的问题。

对于这类不确定性条件下的决策问题,Von Neumann 和 Morgenstern (1944) 给出了一种解决方案:当人们的选择行为满足一定的条件时(即所谓的不确定条件下的选择公理,该选择公理主要包括:次序完全公理、连续性公理、独立公理、不相等公理和复赌公理。)我们可以基于一种期望效用最大化的方法来预测人们在不确定性条件下的选择。

期望效用是一种含概率的效用函数表达式。假设消费者的消费决策 c_i 的可能结果为一个连续变量 x_i,其效用水平为 $u(x_i)$,如果随机变量

x_i 的概率密度函数为 $f(x_i)$，那么消费者选择消费决策 c_i 的期望效用就是：$u(c_i) = \int u(x_i)f(x_i)dx_i$。消费者只需要从所有可行的消费决策中选择能带来最大期望效用的消费决策即可，即消费者在不确定性条件下的决策问题就是：$\max\limits_{c_i} u(c_i) = \int_{x_i \in x_i(c_i)} u(x_i)f(x_i)dx_i$。

期望效用最大化的方法使得我们在不确定性条件下分析消费者的选择行为成为可能。但是，该方法也受到不少学者的批评。首先是，将期望效用最大化作为决策目标其本身的合理性和恰当性受到质疑。相对于其他方面的问题，这一点不是根本性的。其次是，不确定性条件下的选择公理不一定都成立，特别是其中的独立公理往往是不容易满足的。由于期望效用理论假设概率是线性的，很容易就得到违背独立性原则的结论，著名的案例就是阿莱悖论。也正是因此而发展了许多修订线性假说的理性预期模型，比如 Kahneman 和 Tversky（1979）的前景理论（Prospect Theory）等。最后是，期望效用中的概率是否确实存在或确有其意义。Deaton（1980）指出"从本质上讲，对于这个问题的争论就好比是贝叶斯与古典统计学家之间关于是否能对假设的真伪附上概率值的争论一样"。我们所能做的，就是根据奈特的观点将这种差异区分为风险和不确定性。

尽管期望效用最大化理论存在其自身的弱点，但是它确实是效用分析方法在不确定性条件下的一个很好扩展。那些质疑用期望效用方法来描述不确定性条件下消费者选择行为的经济学家似乎也尚未提出普遍令人信服的反驳将期望效用最大化作为人们行为目标的理由，而且也没有提出一个普遍接受的可行的替代分析方法。在没有更好的分析框架的条件下，本书后续的所有分析，也均是建立在期望效用最大化理论的基础之上的。

3.3 不确定性条件下的跨期消费决策

3.3.1 基本模型

在预防性储蓄模型中，消费者在对一生的经济资源进行优化配置时并不具有完全完美信息，而是基于当期信息和历史经验对未来形成预期，然后最大化该条件期望下的终生期望效用水平。该模型的主要框架如下：假设某一代表性消费者 i 的终生效用函数在时间上是分离可加的，ρ 是消费者关于效用水平在时间上的主观贴现率，在第 t 时期的瞬时效用函数是 $u(c_{it})$。其中 $u(c_{it})$ 关于消费支出 c_{it} 具有正的且递减的边际效用，即：$u'(c_{it})>0$，$u''(c_{it})\leq 0$。同时，消费者的效用函数还应该满足稻田条件，即：$\lim_{c_{it}\to 0}u'(c_{it})=+\infty$，$\lim_{c_{it}\to +\infty}u'(c_{it})=0$。另外，再假定代表性消费者在期初的财富水平 w_{i1} 是外生给定的，每一时期的收入水平为 y_{it}。为了分析方便，我们暂且假定具有完善的资本市场，消费者每一期都能够在资本市场上按照利率 r_{t+1} 进行随意借贷，不存在流动性约束。

因此，代表性消费者的上述优化决策问题可以表示为：

$$V(w_{i0},\rho,r) = \max_{c_{it}} E\left[\sum_{t=1}^{\infty}u(c_{it})/(1+\rho)^{t-1}\right] \quad (3.1)$$

$$\text{s.t.} \quad w_{it+1} = (1+r_{t+1})w_{it} + y_{it} - c_{it},\ w_{i1} = w_{i0} \quad (3.2)$$

$r=(r_1,r_2,\cdots,r_\infty)$ 表示每一期资本市场的利率。对于 (3.1) 式和 (3.2) 式所示的跨期优化决策问题，我们一般采用动态规划来求解。首先，我们根据 (3.1) 式和 (3.2) 式建立相应的贝尔曼方程：

$$V(w_{it}) = \max_{c_{it}}\left\{u(c_{it}) + \frac{1}{1+\rho}E_t[V(w_{it+1})]\right\} \quad (3.3)$$

为了分析的简便，我们再假设对于上述优化问题存在内部解，则联立贝尔曼方程 (3.3) 式和消费者的财富约束条件 (3.2) 式，并对控制变量 c_{it} 求导，可得到该优化问题的一阶必要条件：

$$u'(c_{it}) - \frac{1}{1+\rho}E_t[V'(w_{it+1})] = 0 \quad (3.4)$$

同时，我们联立贝尔曼方程 (3.3) 式和消费者的财富约束条件 (3.2) 式，并对状态变量 w_{it} 使用包络定理，得到：

$$V'(w_{it}) = \frac{1+r}{1+\rho}V'(w_{it+1}) \quad (3.5)$$

将 (3.5) 式代入 (3.4) 式，消去 $V'(w_{it+1})$，得到：

$$V'(w_{it}) = (1+r)u'(c_{it}) \tag{3.6}$$

联立（3.6）式和（3.4）式，便得到欧拉方程：

$$u'(c_{it}) = \frac{1+r}{1+\rho}E_t[u'(c_{it+1})] \tag{3.7}$$

（3.7）式左端表示第 t 时期减少（或增加）一个单位消费所导致的效用减少（或增加），右端则表示将第 t 时期减少（或增加）的一单位消费用于第 t+1 时期消费（或由第 t+1 时期提供）所导致的效用增加（或减少）的期望值。（3.7）式意味着，资源配置在边际上的变动所引起的收益等于成本，不再存在福利改进的机会，此时的配置才是最优配置。

3.3.2 不确定性对储蓄的影响

为了保证模型的一般性，所以没有对效用函数给出具体的函数形式，因而我们难以通过（3.7）式进一步求解出储蓄函数的具体表达式，进而得到不确定性与储蓄之间的直观关系。为了考察不确定性对于消费者储蓄行为的影响，我们对（3.7）式进行如下处理：

首先，假定确定性条件下消费者在第 t 时期和第 t+1 时期的最优消费量分别是 c_{it}^* 和 c_{it+1}^*。则根据欧拉方程必有：

$$u'(c_{it}^*) = (1+r)u'(c_{it+1}^*)/(1+\rho) \tag{3.8}$$

然后，在模型中引入不确定性，检验确定性条件下的最优消费决策 c_{it}^* 在不确定性条件下是否能使欧拉方程依然成立。如果确定性条件下的最优决策在不确定性条件下依然能使欧拉方程成立，则说明不确定性对于消费者的消费储蓄行为没有影响；反之，消费者则对不确定性存在谨慎动机。

我们假设 ε 代表不确定性条件下未来消费的不确定性部分，位于不确定性区域 D 内，其均值为 0，方差为 σ^2。因此，如果给定不确定性条件下当期消费量为 c_{it}^*，那么未来消费支出的期望值必然等于确定性条件下的消费支出，即 $E_t(c_{it+1}) = c_{it+1}^*$，且实际消费支出为 $c_{it+1} = c_{it+1}^* + \varepsilon$。此时，我们可以将（3.7）式右边的期望部分改写为：

$$E_t[u'(c_{it+1})] = \int_D u'(c_{it+1})f(\varepsilon)d\varepsilon = \int_D u'[c_{it+1}^* + \varepsilon]f(\varepsilon)d\varepsilon \quad (3.9)$$

其中，$f(\varepsilon)$ 是不确定性 ε 的概率密度函数。将（3.8）式右端在 c_{it+1}^* 点处二阶泰勒近似展开，得到：

$$E_t[u'(c_{it+1})] = \int_\varepsilon \{u'(c_{it+1}^*) + u''(c_{it+1}^*)\varepsilon + u'''(c_{it+1}^*)\varepsilon^2/2 + \cdots\}f(\varepsilon)d\varepsilon \quad (3.10)$$

对（3.10）式右端逐项积分得到：

$$E_t[u'(c_{it+1})] = u'(c_{it+1}^*) + u'''(c_{it+1}^*)\sigma^2/2 + (\text{higher order terms}) \quad (3.11)$$

如果高阶矩条件是有限的，我们一般假设其为 $o(\sigma^2)$。[①] 因此，对于较小的 σ^2 我们有结论：

$$E_t[u'(c_{it+1})] = u'(c_{it+1}^*) + u'''(c_{it+1}^*)\sigma^2/2 + o(\sigma^2) \quad (3.12)$$

由（3.12）式可以看出，如果效用函数的三阶导数为零，那么我们有：

$$E_t[u'(c_{it+1})] = u'(c_{it+1}^*) \quad (3.13)$$

（3.13）式意味着当代表性消费者面临不确定性时，确定条件下的最优消费决策 c_{it}^* 依然是不确定性条件下的最优消费决策。故当消费者效用函数的三阶导数为零时，不存在预防性储蓄动机，不确定性对消费者的消费储蓄决策没有影响。

当三阶导数大于零时，联立（3.7）式、（3.8）式和（3.12）式，我们容易得到：

$$u'(c_{it}^*) < (1+r)E_t[u'(c_{it+1})]/(1+\rho) \quad (3.14)$$

（3.14）式显然不满足消费决策最优化的必要条件，因此，当消费者效用函数的三阶导数大于零时，确定性条件下的最优消费决策再也不是不确定性条件下的最优消费决策。根据边际效用递减规律和财富约束条件，我们要实现等式的重新成立，就必须减少当期消费增加未来消

[①] 参见：J. W. Pratt, "Risk Aversion in the Small and in the Large", Econometrica, Vol. 32 (Jan. 1964), pp. 122–136.

费。因此，我们有结论：效用函数的三阶导数大于零时，消费者存在正向的预防性储蓄动机。同理，我们可以得到结论：当效用函数的三阶导数小于零时，消费者存在负向的预防性储蓄动机。

3.3.3 预防性储蓄的图解

虽然数学上可以严格地证明凸边际效用和预防性储蓄之间的关系，但是我们很难对这一关系有一个比较直观的认识。为了更加清晰地了解效用函数凸边际效用特征与预防性储蓄之间的内在关系，我们通过图形进行说明。

如图 3.1 所示，假设消费者具有凸边际效用函数，在确定性条件下，第 t 期的边际效用曲线和第 t+1 期边际效用的现值曲线相交于 C 点，那么 C 点就是消费者在确定性条件下的最优消费决策点，所对应的当期消费量为 C^0。但是，当消费者未来面临不确定性时，如果任意给定第 t 期的消费决策 C^0，那么消费者在第 t+1 期的消费支出便会随机地落入到第 t+1 期边际效用的现值曲线的 A 点与 B 点之间，而且，此时预期的边际效用现值显然大于确定性条件下第 t 期的边际效用。因此，消费者在确定性条件下的消费决策 C^0 并不是不确定性条件下的最优决策。当存在不确定性时，对于第 t 期不同的消费决策所对应的第 t+1 期预期边际效用就在类似于 A^0B^0 的虚线上。如果第 t 期的某一消费决策 C^1 虚线 AB 与第 t 期的边际效用曲线的交点便是不确定性条件下的最优消费决策，所对应的第 t 期的消费支出为 C^1。因为 $C^1 < C^0$，所以存在预防性储蓄动机，且预防性储蓄水平为 $C^0 \sim C^1$。

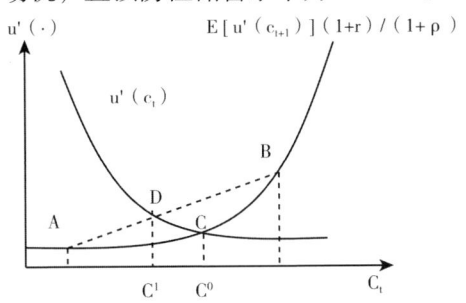

图 3.1 凸边际效用与预防性储蓄

上述分析，虽然从数学和几何图形上说明了三阶导数大于零会使得消费者存在预防性储蓄动机，但是并未对其提供详细的经济解释。虽然，Menegatti（2007）指出，预防性储蓄动机是风险规避的消费者为减少不确定性所产生的负效用的欲望，但是，也还是没有说明消费者为什么愿意通过降低当前消费来减少这种负效用。实际上，三阶导数大于零，意味着边际效用递减的速度是随消费水平的增加而递减的。这样，增加未来的消费，一方面使得效用增加，另一方面使得每单位风险带来的边际上的效用损失是减少的，因而，增加储蓄可以提高未来的效用水平。但是，当三阶导数小于零时，意味着边际效用递减的速度是随消费水平的增加而增加的，此时，如果增加储蓄，虽然会使得未来效用增加，但是每单位风险带来的损失会以更大的速度增加而超过效用的增加，使得效用水平降低。

3.4 预防性储蓄理论在中国的适用性

中国居民的高储蓄率问题一直是国内外经济学者的一个关注焦点。对于我国居民高储蓄率的研究文献比比皆是，但是学者们关于我国居民高储蓄的背后原因也是各执己见。如贾德奎和施红俊（2003）和张明（2005）等认为收入分配差距问题是引起我国居民高储蓄率的重要原因；李杨、殷剑峰和陈洪波（2007）和蔡昉（2004）等学者则认为居民储蓄率的高低主要是取决于人口年龄结构等。上述大多数文献的一个共性问题是，在研究中国居民储蓄问题的时候，都没有考虑转型期间居民面临的不确定性因素的影响。这也许正是这些文献对于我国高储蓄率问题解释力不足的原因之一。

走上由计划到市场的经济转型之路后，中国发生了深刻的经济社会变革。原有的收入分配制度和就业制度等逐步被打破，城市和农村居民的收入结构和消费项目发生了重大变化，使得城乡居民的经济决策环境变得更加复杂，同时充满了更多的不确定性。

从居民收入来看，市场化改革虽然增加了居民收入，但是也使得城乡居民收入的确定性在逐渐减弱。在传统的计划经济时代，就业制度的典型特征就是"统包统配"和"铁饭碗"制度，工作具有永久性、工资具有稳定性。市场化改革使得就业制度发生变化，"铁饭碗"制度逐步被打破，各个行业的劳动者都可能面临着失业下岗的风险。特别是曾经通过被国有企业雇佣而享受从摇篮到坟墓的福利（cradle – to – grave benefit）的城市家庭发现他们的未来越来越不确定。而且，随着非国有经济的份额逐渐增加，人们的就业渠道也大大拓宽，越来越多的要素参与到社会生产，由此"以按劳分配为主、多种分配方式并存"的收入分配制度也逐渐建立起来，开拓了城乡居民的收入来源。在市场经济体制下，城乡居民的收入不再依靠单一的工资收入或农业收入而逐渐走向多元化，其收入来源主要包括工资性收入、经营性收入和财产性收入等。其中，经营性收入主要受市场环境影响，波动较大，加之在经济转轨时期，市场体系不完善、不确定性因素较多，一般被视为非稳定性收入；财产性收入包括银行存款、投资和股票等，也就有很大的不确定性；虽然工资性收入相对具有稳定性，但是经济体制改革打破了传统的级别工资制度，工资收入根据劳动者的贡献来分配，市场经济体制下的工资性收入也不像计划经济体制下的工资性收入那样具有长期稳定性和可预见性。

从居民消费支出来看，市场化改革也增大了城乡居民的不确定性。在全面、快速的市场化改革进程中，教育、医疗和社会保障等诸项改革政策陆续出台，计划经济体制下的公费医疗、义务教育、全面就业、退休福利、养老保险等社会福利制度解体。特别是1998年的城市住房制度改革，提出要逐步实现城市住房商品化，至此，以"等、靠、要"福利性住房观念为主要特征的城市居民住房实物分配制度成为历史。住房、医疗和教育收费等制度的改革使得城乡居民必须承担越来越多的住房、医疗和子女教育的费用，这便强化了居民消费支出持续上升的预期，增加了未来消费支出的不确定性。

从社会保障来看，虽然在转型过程中城乡社会保障体系在逐步建立和完善，但是由于保障水平的"先天不足"和在执行过程中的"后天失调"，使得社会保障体系的建设常常滞后于市场化改革的需要。整个社会保障体系的覆盖范围和保障力度相对低下，而且社会保障不是完全公平公正，相对受保障较好的主要是国企或政府机关的就业人员，更严重的是，由于管理上的漏洞，经常会出现不满足参保规定的人得到保障而符合规定的参保对象却没有被纳入到社会保障对象等错保和乱保现象。

如上所述，转型期间，特别是，自20世纪90年代以来，我国一系列的经济社会变革之后，中国城乡居民所面临的经济决策环境发生了较大的变化，面临着越来越多未受保障的不确定性。不确定性可能是导致我国城乡居民近些年来高储蓄的重要原因。因此，预防性储蓄理论作为不确定性条件下考察消费者消费行为的理论，对于研究中国现实的高储蓄低消费问题，应该有着较强的解释力。借鉴预防性储蓄理论来解释中国城乡居民的高储蓄低消费现象是深入理解我国居民储蓄动机的重要途径。

3.5 小　　结

不确定性无处不在、无时不在，总是难以避免的。因此，在研究消费者的行为时，从一开始就应该充分考虑不确定性因素的影响。尤其是在中国转型期间，不确定性更是经济社会的常态。所以，预防性储蓄理论对于中国居民储蓄行为的解释能力不可小觑。基于期望效用最大化的方法，本书构建了消费者在不确定性条件下的跨期消费决策模型，然后通过对消费者优化问题的欧拉方程展开分析，从数学表达式和几何图形上说明了消费者存在预防性储蓄动机的必要条件，以及不确定性对于消费者消费和储蓄行为的影响机制。虽然期望效用理论作为目前研究不确定性条件下消费者选择行为的主要方法还存在各种争议，不被普遍认同，但是在目前，它作为对不确定性条件下消费者决策行为的考察方法还是基本上站得住脚的，是一种很有发展前景的研究方法。

第4章 中国居民的预防性储蓄动机

4.1 预防性储蓄动机强度测量指标

20世纪90年代以来，中国的高储蓄率问题一直受到世界各国的经济学者和相关政府决策部门的高度关注和重视。由于传统生命周期—持久收入理论框架的内在缺陷，越来越多的国内学者试图运用预防性储蓄理论来解释中国城乡居民的过度储蓄行为，并获得了大量的经验证据。例如，宋铮（1999）、龙志和与周浩明（2000）、孙凤（2001）、万广华等（2003）、杭斌和申春兰（2005a）、易行健等（2008）和周绍杰（2010）等文献均认为中国城乡居民存在较强的预防性储蓄动机。作为基础性的工作，这些文献关于预防性储蓄的研究主要集中于检验消费者的预防性储蓄动机强度。虽然国内学者在这方面已经做了很多有益的尝试并取得了一定的成果，但是现有文献在研究这一问题时也还存在一些不足。

检验消费者预防储蓄动机的国内文献大都沿袭了Dynan（1993）的做法，通过对不确定性条件下消费者优化问题的欧拉方程进行二阶泰勒近似而得到检验消费者预防性储蓄动机强度的计量方程。这种方法没有直接对消费者的效用函数形式做出过多假定，看似具有一般性，实则不然。正如本章4.2节所述，该方法暗含的假设条件是消费者具有常相对谨慎系数型效用函数。因此，基于该方法所得结论也并不是一般化的结论，不能完全证实或证伪预防性储蓄理论在中国的适用性和正确性。为了保证结论的可靠性，我们期望能从一般形式的效用函数出发进行分析。遗憾的是，这样的思路并不完全可行，我们无法从一般化的效用函数中推导出明确的计量方程。在实际操作中，我们可以采用的往往是另一种替代方法，即通过对不同效用函数形式假定下的模型进行检验，以保证结论的稳健性，由此而得到关于预防性储蓄相对可信的经验证据。

由于常相对谨慎系数型效用函数更加普遍地见诸文献，所以，作为参照，本章首先在4.2节采用这一模型来检验中国城乡居民的预防性储蓄动机。在该部分，我们推导了常相对谨慎系数型效用函数的一般函数形式，并根据效用函数的一般性质，对常相对谨慎系数型效用函数中的参数取值范围进行讨论，进而提出常相对谨慎系数型效用函数假定下检验消费者预防性储蓄动机存在性和预防性储蓄强度的待检验假说。通过理论分析发现，当消费者具有常相对谨慎系数型效用函数时，我们不能简单地通过检验相对谨慎系数是否大于零来判断消费者是否存在预防性储蓄动机。因而，以前一些文献根据经验研究所得到的结论可能存在偏误，[①] 需要对其做相应的修正。

其次，国内文献通常通过估计 Kimball（1990）定义的相对谨慎系数来判定居民的预防性储蓄动机强度，而忽略了对绝对谨慎系数的估计。事实上，虽然绝对谨慎系数和相对谨慎系数都是反应居民预防性储蓄的指标，但两者又有着严格的区别。Kimball（1990）明确指出预防性储蓄量约等于绝对谨慎系数与风险方差的乘积的二分之一，因此绝对谨慎系数才是衡量消费者预防性储蓄动机强度的指标。而根据 Caballero（1991）、雷震和张安全（2013）的分析，相对谨慎系数衡量的则是风险占消费的比例每变化一个单位所引起的预防性储蓄量的变化。显然，对于不同的消费水平，风险每变化一个单位所代表的绝对风险量是不一样的。因此，相对谨慎系数反应的是在给定相同的风险占消费比重的前提下，不同居民预防性储蓄量的大小关系。基于此，为了更加全面地研究居民预防性储蓄，我们认为仅仅估计相对谨慎系数是不够的，应当同时考虑绝对谨慎系数。

在上述理论基础上，本章4.2节首先对中国城乡居民的相对谨慎系数展开经验分析。由于模型中的关注变量并非外生，本章采用了现有经验研究文献中常用的工具变量来克服模型的内生性问题。统计检验结果表明，对于城市居民，用消费者价格指数增长率平方和人均收入增长率

---

① 如施建淮与朱海婷（2004）认为城镇居民的相对谨慎系数为0.878。根据本书的分析，该值可能意味着居民不存在预防性储蓄，与原文的结论相悖。

平方作为消费支出不确定性的工具变量均是有效的；对于农村居民，消费者价格指数增长率平方却是一个弱工具变量，仅有人均收入增长率平方是消费支出不确定性的有效工具变量。为了确保参数估计的可靠性，本章同时报告了普通最小二乘法（OLS）、两阶段最小二乘法（2SLS）和广义矩估计（GMM）等估计方法的参数估计结果。

本章4.3节又基于另一类常用的效用函数，即常绝对风险规避（CARA）型效用函数（也是常绝对谨慎系数型效用函数），重新检验中国城乡居民的绝对谨慎系数。CARA型效用函数的优点就在于可以相对容易地求解出模型的显示解，且避免了因泰勒近似而遗漏高阶项的可能。通过引入CARA型效用函数，本小节对计量模型进行了重新设定和参数估计。

本章4.4节对比分析了不同效用函数形式下的计量结果，并对比分析了城乡居民预防性储蓄动机强弱的差异。经验结果表明，农村居民具有更强的预防性储蓄动机，其绝对谨慎系数大约为城镇居民的两倍，这基本符合人们的直觉。然而，农村居民的相对谨慎系数仅为城镇居民的60%，这或许能部分解释为什么近些年来城镇居民储蓄率一直高于农村居民储蓄的事实。本书认为上述现象产生的主要原因是由于二元经济结构下城乡居民所面临的收入与消费决策的不确定性存在较大差异所引起的。

本章剩余部分的结构安排如下：4.2节首先从标准的消费者最优化问题出发推导出现有文献常用的计量方程，并针对计量方程的潜在假设倒推出常相对谨慎系数效用函数的一般函数形式，然后提出该函数形式下的待检验假说、进行参数估计。4.3节基于CARA型效用函数构建计量方程，重新对消费者谨慎系数进行估计。4.4节对第二节和第三节的计量结果进行讨论，并在城乡二元结构背景下对上述结果提供了合理的经济解释。4.5节是小结，对本章重要观点和结论做出总结。

4.2 基于相对谨慎系数的经验分析

4.2.1 理论模型与待检验假设

如（3.7）式所示，在不确定性条件下家庭跨时期消费决策问题所对应的欧拉方程为：

$$u'(c_{it}) = (1+r)E_t[u'(c_{it+1})]/(1+\rho) \tag{4.1}$$

其中，c_{it} 表示家庭人均消费支出。为了从 (4.1) 式中得到可供检验的计量模型，我们首先将欧拉方程右端的 $u'(c_{it+1})$ 项在第 t 的消费支出水平 c_{it} 处二阶泰勒近似展开，得到：

$$u'(c_{it+1}) = u'(c_{it}) + u''(c_{it})(c_{it+1} - c_{it}) + \frac{1}{2}u'''(c_{it})(c_{it+1} - c_{it})^2 + o(c_{it+1} - c_{it})^2 \tag{4.2}$$

其中，$o(\cdot)$ 代表高阶无穷小项。忽略掉 (4.2) 式中的高阶无穷小项，并将其代入欧拉方程 (4.1) 式之中，经过代数变化，整理得到：

$$E_t\left(\frac{c_{it+1} - c_{it}}{c_{it}}\right) = \frac{1}{\gamma}\frac{r-\rho}{1+r} + \frac{\eta}{2}E_t\left(\frac{c_{it+1} - c_{it}}{c_{it}}\right)^2 \tag{4.3}$$

其中，$\gamma = -u''(c_{it})c_{it}/u'(c_{it})$ 是相对风险规避系数，$\eta = -u'''(c_{it})c_{it}/u''(c_{it})$ 便是相对谨慎系数。Dynan（1993）与后来的文献通常都将相对谨慎系数作为测量消费者预防性储蓄动机强度的关键指标。因为 (4.3) 式两端均含有基于第 t 期信息的条件期望，所以不能直接获得被解释变量和解释变量的观测数据，需要为其寻找合适的代理变量。在文献中，通常的做法是使用样本数据各个时期内的平均值来代替预期值。通过上述变换，由 (4.3) 式便得到可计量方程：

$$\frac{1}{T}\sum_{t=1}^{T}gc_{it} + u_{it} = \frac{1}{\theta}\frac{r-\rho}{1+r} + \frac{\eta}{2}\left(\frac{1}{T}\sum_{t=1}^{T}gc_{it}^2\right) + v_{it} + \upsilon_{it} \tag{4.4}$$

其中，T 是样本观测值的时间长度，$gc_{it} = (c_{it+1} - c_{it})/c_{it}$ 表示第 i 个家庭在第 t 时期的人均消费增长率，u_{it} 和 v_{it} 分别是用实际消费增长率的均值代替预期消费增长率、实际消费增长率平方的均值代替预期消费增长率平方所产生的误差项，υ_{it} 是其他影响家庭消费支出的随机冲击。合并 (4.4) 式中的误差项，得到：

$$\text{avg}(gc_{it}) = \frac{1}{\theta}\frac{r-\rho}{1+r} + \frac{\eta}{2}\text{avg}(gc_{it}^2) + \varepsilon_{it} \tag{4.5}$$

其中，$\text{avg}(gc_{it})$ 就是样本持续时期内，家庭人均消费支出增长率的平均值，$\text{avg}(gc_{it}^2)$ 是家庭人均消费支出增长率平方的平均值，Dynan（1993）和易行健等（2008）等国内外文献都将其作为对未来风险的替代变量。因此，由（4.5）式便得到可以检验是否存在预防性储蓄动机和预防性储蓄动机强度的计量模型：

$$\text{avg}(gc_{it}) = \beta_0 + \beta_1 \cdot \text{avg}(gc_{it}^2) + \varepsilon_{it} \qquad (4.6)$$

由（4.6）式可知，方程左右两端均含有消费增长率这一相同变量，同时根据（4.2）式可知，当消费增长率的高阶项不趋于零时，计量方程（4.6）式可能存在遗漏变量等问题。因此，（4.6）式中的解释变量并不满足外生性假设。如果直接对（4.6）式采用普通最小二乘法进行回归，得到的参数必然是不一致的。对于这一类问题，常见的解决方法是使用工具变量进行回归。

现有文献在检验消费者预防性储蓄动机强度时，大多数都是以（4.6）式为基础。根据 Leland（1968）的理论分析，只要 $u'''(\cdot) > 0$ 便可保证消费者存在预防性储蓄动机。因为边际效用递减规律保证了 $u''(\cdot) < 0$，所以 $u'''(\cdot) > 0$ 也就自然意味着 $\beta_1 > 0$。因此，在经验研究中，似乎是约定俗成，诸多文献都直接通过检验 β_1 是否显著大于零来判定消费者是否存在预防性储蓄动机，而很少有文献关注这一检验标准的准确与否。本书认为，通过检验（4.6）式中的 β_1 是否显著大于零来判定消费者是否存在预防性储蓄动机实际上是存在一定问题的。虽然效用函数的三阶导数大于零必然存在 $\beta_1 > 0$，但是这一结论反之则不一定为真，$\beta_1 > 0$ 并不一定意味着消费者就存在预防性储蓄动机。下面，我们将推导出（4.6）式所隐含假定的效用函数形式，然后对于这一给定的效用函数分析其存在预防性储蓄需求的充要条件，并提出检验消费者是否存在预防性储蓄动机的待检验原假设。

实际上，当我们基于（4.6）式进行计量分析的时候，暗含的一个很强的假设条件就是消费者具有常相对谨慎系数，即效用函数必须满足：

$$\beta_1 = \frac{\eta}{2} = -\frac{1}{2} \frac{u'''(c_{it}) \cdot c_{it}}{u''(c_{it})} \qquad (4.7)$$

或者表示为：

$$-u'''(c_{it}) \cdot c_{it} = 2\beta_1 \cdot u''(c_{it}) \quad (4.8)$$

其中，β_1 是不随消费者消费支出水平而变化的一个固定常数。通过对（4.8）式求解微分方程，得到：

$$u(c_{it}) = a_2 c_{it}^{2-2\beta_1} - \frac{a_0}{1-2\beta_1} c_{it} - \frac{a_1}{2-2\beta_1} \quad (4.9)$$

其中，a_0，a_1，a_2 是任意常数。（4.9）式便是具有常相对谨慎系数的效用函数的一般形式。当 $a_0 = a_1 = 0$ 时，等式（4.9）便是我们常用的 CRRA 型效用函数。

当消费者拥有如（4.9）式所示的常相对谨慎系数型效用函数时，（4.6）式中 $\beta_1 > 0$ 将不再意味着消费者就一定存在预防性储蓄动机。具体理由如下：根据消费者效用函数关于消费支出水平具有正的、递减的边际效用函数这一公理性假定，可知，

$$u'(c_{it}) = a_2(2-2\beta_1) c_{it}^{1-2\beta_1} - \frac{a_0}{1-2\beta_1} > 0 \quad (4.10)$$

$$u''(c_{it}) = a_2(2-2\beta_1)(1-2\beta_1) c_{it}^{-2\beta_1} \leq 0 \quad (4.11)$$

由（4.11）式可知，如果 $0 \leq \beta_1 < 0.5$，那么必然有：

$$a_2(2-2\beta_1) < 0 \quad (4.12)$$

将（4.12）式代入（4.10）式，我们很容易得到 $u'(c_{it}) < 0$ 的结论，这和边际效用为正的基本假设相矛盾。因此，如果（4.9）式是刻画消费者偏好结构的效用函数，那么其中的参数必然不是任意取值的，其必要条件是 $\beta_1 \geq 0.5$。这就意味着消费者的相对谨慎系数 $\eta = 2\beta_1 \geq 1$。

进一步来看，如果 $\beta_1 \geq 0.5$，那么（4.9）式所示的效用函数关于任意消费支出水平上的三阶导数均是非负的，即有：

$$u'''(c_{it}) = a_2(2-2\beta_1)(1-2\beta_1)(-2\beta_1) c_{it}^{-2\beta_1-1} \geq 0 \quad (4.13)$$

根据 Leland（1968）的结论，只要 $u'''(c_{it}) > 0$ 消费者便存在预防性储蓄动机。显然，只要参数 β_1 能保证（4.13）式不为零，则满足上述条件。因此，当消费者具有形如（4.9）式的效用函数时，消费者存在预防性储蓄动机的充分必要条件是：$\beta_1 \neq 0.5$ 且 $\beta_1 \neq 1$。这一充分必要条件的经济学含义也非常直观明了：当 $\beta_1 = 0.5$ 或者 $\beta_1 = 1$ 时，由

(4.9) 式可知，消费者的效用水平是关于消费支出的线性函数，这一特征意味消费者是绝对风险中性。对于风险中性的消费者而言，未来不确定性显然不会对其效用水平有何影响，因而不存在预防性储蓄动机。

通过上述分析，可以得出如下结论：当消费者的效用函数是常相对谨慎系数型时，检验消费者存在预防性储蓄动机与否的假设条件将不再是"$H_0: \beta_1 = 0, H_1: \beta_1 > 0$"。原假设和备择假设应当变为：

$$H_0: \beta_1 = 0.5 \text{ 或 } \beta_1 = 1; H_1: \beta_1 > 0.5 \text{ 且 } \beta_1 \neq 1 \quad (4.14)$$

通过检验（4.14）式的假设条件，便可以判断消费者是否存在预防性储蓄动机。如果接受原假设，则意味着消费者在给定的置信水平上并不存在预防性储蓄动机；反之，如果统计检验结果拒绝原假设而支持备择假设，则认为消费者显著地存在预防性储蓄动机。

通过上述的分析可知，在上述检验规则下，如果参数 β_1 的估计值虽然大于零，但是趋近于 0.5 或者是趋近于 1，则消费者很有可能并不存在预防性储蓄动机。例如，施建淮与朱海婷（2004）采用 1999～2003 年 35 个大中城市的宏观数据进行估计所得到的城市居民相对谨慎系数为 0.878，根据本书的研究发现，这也许意味着我国城市居民并不存在显著的预防性储蓄动机，与原文"城市居民显著地存在预防性储蓄动机"的结论相反。鉴于此，使用更加准确的标准来判断消费者是否存在预防性储蓄动机才能得出更加稳健和更加正确的结论，并为政策制定提供依据。为了更好地检验消费者的预防性储蓄行为，本节剩余部分将利用 2000～2010 省级面板消费数据来检验上述假说。

4.2.2 变量选取与数据说明

本节经验分析的主要目的是通过居民实际消费数据估计居民的相对谨慎系数。考虑到中国独特的城乡二元经济结构，农村居民和城市居民的消费储蓄行为存在较大差异，我们把农村居民和城市居民作为两个样本分别予以考察，对比分析农村居民和城市居民的相对谨慎系数大小。另外，在开始分析之前，我们需要对数据选取的时间区间段做一个说明。由于我国经济处于转型期，制度体系和经济结构等背景因素在不断变化，如果选取较长时期的数据进行分析，可能会因为无法控制这些不可观测的变化的因素而产生结论性偏差。为了更好地研究目前中国城乡居民的预防性储蓄动机强度及其差异，我们在数据的时间段选取上，主要是选取和集中分析了时间较近且城乡居民消费储蓄行为差异较为稳定的 2000~2010 年中国城乡居民的消费数据。

本节所涉及的主要变量包括各地区城市家庭和农村家庭的人均收入和消费性支出数据，以及各地区的城乡居民消费者价格指数。由于所有收入与支出原始统计数据都是没有剔除当期价格因素的名义变量，所以我们需要对其进行调整。根据本研究数据时间段的选择，我们以 1999 年为基期，将所有的名义收入和支出转化为实际的人均收入和消费支出。然后，根据计量方程（4.6）式，计算出各地区城市和农村居民的消费增长率的均值 avg（gc）作为被解释变量，消费增长率平方的均值 avg（gc^2）作为解释变量。鉴于数据的易获得性，我们参照龙志和与周浩民（2000）、施建淮与朱海婷（2004）以及易行健等（2008）等国内文献，选取了人均收入增长率平方的均值 avg（gy^2）和消费者价格指数增长率平方的均值 avg（$gcpi^2$）作为消费增长率平方的均值 avg（gc^2）的工具变量。

资料来源于中经网统计数据库的宏观年度统计数据。由于北京市、天津市、上海市、重庆市、西藏自治区以及香港、澳门和台湾等地区的统计数据存在较多的缺失值，我们在分析数据的时候，将这些地区的数据从样本中剔除了，然后基于 26 省数据进行分析。表 4.1 给出了被解释变量和解释变量的描述性统计。

表 4.1　　　　　　　　　主要变量描述性统计

样本	变量	均值	标准差	最小值	最大值
城市	avg（gc）	0.078049	0.013444	0.053889	0.114602
	avg（gc^2）	0.007644	0.00242	0.003604	0.01406
农村	avg（gc）	0.074821	0.011375	0.048405	0.093059
	avg（gc^2）	0.008664	0.003329	0.003223	0.01853

注：avg（gc）代表消费增长率的平均值；avg（gc^2）代表消费增长率平方的平均值。

4.2.3　工具变量与内生性检验

怀疑模型存在内生性问题时，我们可以采用工具变量进行回归以得到一致的参数估计。但是，使用工具变量的后果就是损失了参数估计的有效性。因此，我们需要确定模型是否真的存在内生性。但是，要从数理统计上来检验模型的内生性问题，我们首先需要具有有效的工具变量，然后通过对比工具变量法得到的一致估计量与普通最小二乘法得到的有效估计量是否存在较大的差异来判断模型是否存在内生性问题。这正是Hausman检验的基本思想。

因此，无论是要采用工具变量法得到一致估计量，还是要检验模型的内生性，共同的前提条件都是要有可获得的有效工具变量。工具变量是否有效取决于工具变量是否同时满足两个必要条件，即：（1）工具变量是否与内生解释变量存在偏相关关系；（2）工具变量是否是外生的。如果所选的工具变量与内生解释变量完全无关或者是与扰动项相关，就无法使用工具变量来克服原来模型的内生性问题。而且，对于第一个必要条件还需要注意的是，工具变量和内生解释变量之间的偏相关关系要很强。如果工具变量仅仅是与内生解释变量存在较弱的偏相关关系，则会存在弱工具变量问题，估计结果也会产生较大的偏误。

下面我们将分别从逻辑和统计检验上来说明本书所采用的工具变量的有效性。在消费者的消费决策问题中，消费者所面临的不确定性因素主要包括收入不确定性、未来支出不确定性和未来其他决策环境的不确定性。其中，收入不确定性和未来价格水平的不确定性是未来不确定性的重要内容，因此，用实际收入增长率平方的均值和物价指数增长率平方的均值作为工具变量，显然是与内生解释变量显著相关的。同时，根据消费理论模型可知，对于理性的消费者而言，给定消费者的实际收入水平现值，消费者的预防性储蓄动机和实际消费路径是不会受到价格路径和实际收入路径的影响（Caballero，1991）。因此，实际收入增长率平方的均值和物价指数增长率平方的均值作为工具变量是满足外生性的。

表4.2报告了工具变量有效性检验的结果。首先，我们需要检验工具变量是否存在弱工具变量问题。一般来说，我们判断工具变量是否是弱工具变量依据的标准有两种。一种方法是根据Shea's partial R^2。但是具体该值多低才构成弱工具变量，目前尚无共识。另一种方法是在第一阶段回归中检验工具变量与内生解释变量是否偏相关。具体方法是将内生解释变量对所有的外生解释变量和工具变量进行了回归，然后检验工

具变量的系数是否全为零。经验规则表明：如果此检验的 F 统计量大于10，则不存在弱工具变量问题。因此，为了检验工具变量是否存在弱工具变量问题，本书采用第二种方法。回归结果显示，对于城市居民，实际收入增长率平方的均值和物价指数增长率平方的均值的系数均在10%的显著性水平上显著。而且，对于原假设"所有工具变量的系数均为零"的 F 检验统计量较大，达到 18.35，所以拒绝原假设，认为无弱工具变量问题。但是，对于农村居民，对于原假设"所有工具变量的系数均为零"的 F 检验统计量相对较小，仅为 6.19，可能存在弱工具变量问题。因此，为了避免弱工具变量问题，本书舍弃了物价指数增长率平方的均值这一工具变量。仅选取实际收入增长率平方的均值作为工具变量，则检验结果显示，F 统计量为 12.57，弱工具变量问题已经不复存在。

表 4.2　　　　　　　　　　工具变量的有效性检验

	农村（1）		农村（2）		城镇	
	第一阶段	第二阶段	第一阶段	第二阶段	第一阶段	第二阶段
Constant	0.00480 (1.05)	0.0482** (2.79)	0.00614** (2.50)	0.0386** (2.12)	0.00318 (1.56)	0.0313*** (11.21)
avg（gy^2）	0.509 (0.97)		0.441 (1.03)		0.736*** (4.46)	
avg（$gcpi^2$）	0.691 (0.43)				−2.195* (−1.86)	
avg（gc^2）		3.068 (1.54)		4.178* (1.99)		6.112*** (15.18)
$resid_1$		−0.486 (−0.26)		−1.636 (−0.84)		−2.922** (−2.53)
弱工具变量检验 F 值	6.19		12.57		18.35	
过度识别检验 P 值		0.2172				0.2348
内生性检验 F 值		8.03***		8.61***		78.50***

注：$resid_1$ 是第一阶段回归所得到的残差拟合值；***、** 和 * 分别代表在 1%、5% 和 10% 的显著性水平上统计性显著。

其次，我们对工具变量的外生性进行检验。一般而言，给定一个工具变量，"工具变量是否与扰动项相关"是无法检验的，因为这是一个

"鸡生蛋和蛋生鸡"的问题。但是，当我们的工具变量个数较多，出现了过度识别的时候，我们则可以通过过度识别检验来判断工具变量的外生性。对于城市居民，其过度识别检验的P值较大，无法拒绝"所有工具变量均外生"的原假设。但是，对于农村居民，在恰好识别的条件下，是无法检验工具变量外生性的。因此，我们在此忽略弱工具变量的问题，将物价指数增长率平方的均值也视为工具变量，然后在过度识别的条件下对工具变量的外生性进行检验。结果表明，如果将实际收入增长率平方的均值和物价指数增长率平方的均值都作为工具变量，过度识别检验的P值也较大，认为工具变量满足外生性。

通过对工具变量有效性的检验，本书最终选取了实际收入增长率平方的均值和物价指数增长率平方的均值作为城市样本的工具变量，而仅选取实际收入增长率平方的均值作为农村样本的工具变量。

由于上述检验表明本书所选取的工具变量是有效的，所以我们可以借助这些工具变量来继续检验解释变量的内生性。常用的内生性检验方法有两种。第一种是Hausman检验，其基本思想是：如果原假设"所有解释变量均为外生"成立，那么固定效应法与固定效应—工具变量法的估计都是一致的，即在大样本条件下，$\hat{\beta}_{FE}$和$\hat{\beta}_{FE-IV}$都依概率收敛于真实值β；反之，如果原假设"所有解释变量均为外生"不成立，那么固定效应法的估计是不一致的，而固定效应—工具变量法的估计仍是一致的。所以，如果$\hat{\beta}_{FE}$和$\hat{\beta}_{FE-IV}$的距离较大，不收敛于零，即统计量$(\hat{\beta}_{FE-IV} - \hat{\beta}_{FE})'[\text{Var}(\hat{\beta}_{FE-IV} - \hat{\beta}_{FE})]^{-1}(\hat{\beta}_{FE-IV} - \hat{\beta}_{FE})$较大，那么我们就拒绝"所有解释变量均为外生"的原假设。但是该检验不适用于异方差的情形。所以本书采用了第二种检验方法，即Durbin-Wu-Hausman检验，该方法采用了控制函数的思想，其最重要的特点是，即使在异方差情形下，该方法也可以通过采用稳健标准差而使得检验结果同样有效。

Durbin-Wu-Hausman检验的基本思想如下：如果模型$y = \beta_1 x + \beta_2 y_2 + \xi$中$y_2$是内生解释变量，那么将内生解释变量$y_2$对所有外生解释变量和工具变量$Z' = (x, z)$进行回归，即估计$y_2 = Z'\delta_1 + \upsilon_1$。因为工具变量$z$是外生的，所以有$E[y_2\xi] = E[\upsilon_1\xi]$。因而，我们将$y_2 = Z'\delta_1 + \upsilon_1$进行回归，得到残差拟合值$\hat{\upsilon}_1$，并将其代入$y = \beta_1 x + \beta_2 y_2 + \xi$中进行辅助回归$y = \beta_0 + \beta_1 x + \beta_2 y_2 + \rho_1 \hat{\upsilon}_1 + u_{it}$，然后检验原假设"$H_0: \rho_1 = 0$"。拒绝原

假设,则表明 $E[\upsilon_1 \xi] \neq 0$,意味着 y_2 是内生解释变量。

表 4.2 同时报告了农村样本和城市样本的 Durbin-Wu-Hausman 检验结果。结果显示,无论是对于农村样本和还是对于城市样本,Durbin-Wu-Hausman 检验的 F 统计量都较大,均在 1% 的显著性水平上拒绝"模型不存在内生性"的原假设。所以,解释变量确实存在严重的内生性问题,我们采用工具变量进行回归是十分必要的,也是十分恰当的。

4.2.4 参数估计结果

根据上述关于模型设定的讨论可知,为了得到一致估计量,我们应该采用工具变量法对(4.6)式进行回归。作为对比参照,本书也对(4.6)式采用了普通最小二乘法进行回归。表 4.3 汇报了对农村居民和城市居民相对谨慎系数的估计结果。考虑到模型可能存在异方差性,所有统计检验所采用的标准差均是异方差稳健标准差。

表 4.3　　　　　中国城乡居民预防性储蓄动机强度

工具变量估计方法	农村居民				城市居民		
	avg(gy^2), avg($gcpi^2$)			avg(gy^2)	avg(gy^2), avg($gcpi^2$)		
	OLS	2SLS	GMM	2SLS	OLS	2SLS	GMM
Constant	0.0523***	0.0482***	0.0482***	0.0386	0.0402***	0.0313***	0.0299***
	(12.50)	(2.67)	(2.67)	(1.63)	(7.21)	(10.52)	(10.93)
avg(gc^2)	2.604***	3.068**	3.068**	4.178**	4.948***	6.112***	6.319***
	(5.77)	(2.47)	(2.47)	(2.53)	(6.01)	(14.22)	(16.08)
p-value $H_0: \beta_1 = 1$	0.0016	0.0321	0.0321	0.0243	0.0001	0.0000	0.0000

注:回归系数下方括号中是根据异方差稳健标准差计算得到的 t 统计量,***、** 和 * 分别代表在 1%、5% 和 10% 的显著性水平上统计性显著。

对于农村居民和城市居民,本书首先都采用实际收入增长率平方的均值和物价指数增长率平方的均值作为工具变量进行回归。从普通最小二乘法的估计结果来看,城市居民和农村居民的相对谨慎系数分别为 9.896 和 5.208,[①] 均在 5% 的显著性水平上显著大于 1,因此城乡居民

[①] 相对谨慎系数是 avg(gc^2) 的系数的 2 倍。

均存在较强的预防性储蓄动机。对比城市居民和农村居民的相对谨慎系数可知，城市居民的相对谨慎系数要大于农村居民的相对谨慎系数，且前者大约是后者的两倍左右。因为普通最小二乘法没有考虑模型的内生偏误，所以其结果并不完全可靠。因此，本书继续使用两阶段最小二乘法对（4.6）式是进行估计。相对于普通最小二乘法的参数估计值，两阶段最小二乘法的参数估计值显著增大，其中农村居民的相对谨慎系数由 5.208 上升到 6.136，城市居民的相对谨慎系数由 9.896 上升到 12.224。统计检验结果同样表明农村居民和城市居民都存在显著的预防性储蓄动机。为了计量分析结论的稳健可靠，本书进一步采用了最优广义矩估计（GMM）的回归方法对（4.6）式进行了参数估计。广义矩估计在异方差情形下和工具变量过度识别的情况下比两阶段最小二乘法的估计结果更加有效。回归结果表明，广义矩估计法和两阶段最小二乘法所估计的系数并没有显著差异。

考虑到农村居民样本存在弱工具变量问题，我们又去掉物价指数增长率平方的均值这一工具变量，然后进行两阶段最小二乘回归，结果显示农村居民的相对谨慎系数大约为 8.356，与前面的估计结果差异不大。对比两阶段最小二乘法、广义矩估计法的参数估计结果可知，城市居民和农村居民相对谨慎系数的估计值基本一致，且都很显著。这说明本书上述估计的结果是稳健可靠的。而且与现有文献相比，本书所估计的相对谨慎系数也是比较稳健的。对于城市居民，该数值和易行健等（2011）通过使用 1990~2008 年省级面板数据进行估计所得到的 12.5 以及凌晨与张安全（2012）通过使用 2004~2010 年省级面板数据所得到的 12.3 较为接近。对于农村居民，该数值与凌晨和张安全（2012）所得到的 6.4 较为接近。

4.3 基于绝对谨慎系数的经验分析

4.3.1 基本模型与待检验假设

上一小节是基于常相对谨慎系数来检验城市和农村居民的预防性储

蓄动机。虽然相对谨慎系数能够作为预防性储蓄动机强度的测量指标，但是它是有条件的。只有不同的消费者具有相同的消费水平时，相对谨慎系数才能在一定意义上作为比较不同消费者之间预防性储蓄动机强度的标准。根据现有文献的结论，绝对谨慎系数才是测量消费者预防性储蓄动机强度的一个不带量纲的指标，并且可以在不同消费者之间随意比较。因此，本节将基于常绝对谨慎系数型效用函数来检验城市和农村居民的预防性储蓄动机强度。为了简化，我们采用一类特殊的常绝对谨慎系数型效用函数，就是我们常见的常绝对风险规避系数（CARA）型效用函数：$u(c_{it}) = -\frac{1}{\theta}e^{-\theta c_{it}}$。CARA 型效用函数的一个优点是能够帮助我们从欧拉方程（4.1）式中得到明确的显示解。因此，该类型效用函数被广泛地用于预防性储蓄研究（如 Caballero，1990；施建淮和朱海婷，2004 等）以及对习惯形成的研究（如 Alessie 和 Lusardi，1997；贾男等，2011）。此时，我们将 CARA 效用函数代入（4.1）式所示的欧拉方程，得到：

$$e^{-\theta c_{it}} = (1+r)E_t[e^{-\theta c_{it+1}}]/(1+\rho) \qquad (4.15)$$

参照 Caballero（1990，1991）的方法，很容易验证（代入即可）下列形式的消费函数随机过程满足式（4.15）：

$$c_{it+1} = c_{it} + \Gamma_{it} + \eta_{it+1} \qquad (4.16)$$

其中，Γ_{it}是待确定的常数项，η_{it+1}是均值为 0 的扰动项。为了确定Γ_{it}的大小，将（4.16）式代入（4.15）式，整理后得：

$$\Gamma_{it} = \frac{1}{\theta}[\ln E_t(e^{-\theta \eta_{it+1}}) + \ln(1+r) - \ln(1+\rho)] \qquad (4.17)$$

因此，消费函数（4.16）式可以重新表示为：

$$c_{it+1} = c_{it} + \frac{1}{\theta}\ln E_t(e^{-\theta \eta_{it+1}}) + \frac{1}{\theta}\ln[(1+r)/(1+\rho)] + \eta_{it+1} \qquad (4.18)$$

在（4.18）式中，当期消费c_{it}是已知的，因此扰动项$\eta_{it+1} = c_{it+1} - E_t(c_{it+1})$，即有 $\text{var}(\eta_{it+1}) = \text{var}(c_{it+1})$。进一步的，假设$\eta_{it+1}$是服从方差为$\delta^2$的正态分布，且是独立同分布的。则由（4.18）式可知，c_{it+1}服从均值为$E_t(c_{it+1})$、方差为$\text{var}(c_{it+1})$的正态分布。因此，将

(4.18) 式两边分别求自然对数，整理得到：

$$E[\Delta c_{it+1}] = \frac{\ln[(1+r)/(1+\rho)]}{\theta} + \frac{\theta}{2}\text{var}(c_{it+1}) \quad (4.19)$$

其中，$\Delta c_{it+1} = c_{it+1} - c_{it}$。由于 $E_t(\Delta c_{it+1})$ 中含有无法直接观测到的预期项 c_{it+1}，文献中通常做法是使用样本数据持续时期内的平均值代替预期值。但是，用平均值代替预期值会使面板数据被压缩为截面数据，损失掉较多的个体信息。因此，本书使用样本数据持续时期内该数据的实际值来替代其预期值。因此，(4.19) 式转化为：

$$\Delta c_{it+1} = \frac{\ln[(1+r)/(1+\rho)]}{\theta} + \frac{\theta}{2}\text{var}(c_{it+1}) + \varepsilon_{it+1} \quad (4.20)$$

其中，ε_{it+1} 是误差项，代表用实际值代替期望值所产生的误差和消费者偏好等其他因素变化对消费支出增长冲击的合并项。由 (4.20) 式便可得到在 CARA 型效用函数下检验城市和农村居民预防性储蓄动机的计量模型：

$$\Delta c_{it} = \beta_0 + \beta_1 \text{var}(c_{it}) + \mu_i + \lambda_t + \varepsilon_{it} \quad (4.21)$$

其中，μ_i 代表个体效应，λ_t 代表时点效应。$2\beta_1 = \theta = -u'''/u''$ 是衡量消费者预防性储蓄动机强度的绝对谨慎系数（Kimball, 1990）。当 $\beta_1 > 0$ 时，消费者就存在预防性储蓄动机。

4.3.2 变量选取与数据说明

本节使用的数据与上一小节的数据一致，但是在变量的构造上有所变化，不再使用消费者消费支出的增长的平方作为不确定性的代理变量。由 (4.19) 式可知，消费者的消费支出增长路径是带漂移项的随机游走过程，直接使用消费增长的平方项作为不确定性的代理变量可能会高估不确定性。为了消除消费增长路径中漂移项的影响，我们首先将每一期的消费增长量减去样本时期内消费增长量的均值，然后将这一差值的平方项作为消费不确定性的代理变量。

另外，在回归分析时我们控制了一些其他变量，包括：各地区的性别构成、平均受教育年限等人口特征变量；家庭人口结构（以抚养比来衡量）；地区虚拟变量，用以控制不同经济发展地区的消费支出差异；

年度虚拟变量，用以控制不同经济时期的消费支出差异。考虑到数据的可获得性，其中性别构成、平均受教育年限和家庭人口结构使用的是各省城乡总体数据。为了表述方便，本节将各变量分别记作：消费支出增长——Dc，消费不确定性——Uncertain，人均受教育年限——Edu_year，抚养比——Fyb，性别比——Sex_ratio。主要变量的描述性统计如表4.4所示。

表4.4 主要变量描述性统计

变量		观测数	平均值	标准差	最小值	最大值
城市	Dc	286	497.7663	282.0407	-163.44	1522.353
	Uncertain	286	79268.84	133894.7	0.105956	1049777
农村	Dc	286	162.8563	131.4759	-102.789	762.8989
	Uncertain	286	17225.46	38480.94	0.15583	360051.2
Edu_year		286	7.876326	0.656076	5.968036	9.237282
Fyb		286	39.85398	6.629321	25.43504	57.58
Sex_ratio		286	104.4887	3.053975	94.92	114.17

4.3.3 参数估计结果

首先，在4.2节的计量分析部分也已经提到，各地区之间在消费习惯或消费偏好上可能存在不可观测的异质性，如果对（4.21）式直接进行混合回归，则会因为遗漏了不可观测的个体差异而使得估计结果不一致。同时，方程右边的消费支出不确定性与被解释变量可能存在相关性，因此模型存在内生性问题，需要使用工具变量。在文献中，通常使用固定效应工具变量（FE-IV）来克服上述内生性问题。在对（4.21）式进行FE-IV估计时，本节参照上一小节的做法，选取居民人均收入增长的平方和消费者价格指数增长的平方作为居民消费不确定性的工具变量。这两组工具变量的偏相关性和外生性已经在前面有了充分的讨论，此处不再赘述。在参数估计过程中，我们报告了工具变量有效性的检验结果。从弱工具变量检验结果来看，我们认为工具变量与解释变量"消费支出的波动"之间存在显著的相关性。从过度识别检验来看，也支持所有工具变量均满足外生性条件的结论。因此，我们所选取的工具变量确实是有效的。对于农村居民，消费者价格指数增长的平方项与内生解释变量的相关性较弱，故仅采用了收入增长的平方项作为其工具变量。

在使用了上述工具变量后，对（4.21）式进行 FE-IV 估计，其结果归纳在表 4.5 中。从表 4.5 可知，利用城乡居民总消费数据估计得到，我国城乡居民的预防性储蓄系数分别为 0.00222 和 0.00294，且都在 10% 的置信水平上显著。根据本书理论部分的结论，该系数乘以 2 即为衡量预防性储蓄动机强度的绝对谨慎系数（$-u'''/u''$），因此，我国城乡居民的绝对谨慎系数分别为 0.00444 和 0.00588。

表 4.5　　　　　　　　　　城乡居民绝对谨慎系数 1

	农村	城市
Uncertain	0.00294 *	0.00222 ***
	(1.94)	(3.51)
Edu_year	39.06	-288.3 **
	(1.13)	(-2.01)
Fyb	-5.717 **	4.188
	(-2.20)	(0.38)
Sex_ratio	-12.10 ***	2.443
	(-2.97)	(0.19)
弱工具变量检验（F 值）	8.324	24.896
过度识别检验（P 值）	—	0.8585

注：括号内为 t 统计量，*，**，*** 分别表示在 10%，5% 和 1% 的置信水平上显著。

针对上述计量分析，一个潜在的批评可能是使用消费支出的波动来衡量不确定性。鉴于此，我们重新构造了消费不确定性的代理变量。本书参照 Guariglia 和 Rossi（2002）的做法，将消费者的消费支出对滞后的消费支出和人口特征变量等控制变量进行回归并得到残差值，然后计算出包括当年在内的前三年的残差的方差作为不确定性的代理变量（记为 Uncertain2）。该方法下的估计结果报告在表 4.6 中。当采用消费支出的波动作为不确定性的代理变量后，我们发现城乡居民的绝对谨慎系数变化不大，结果比较稳健。

表 4.6 城乡居民绝对谨慎系数 2

	农村	城市
Uncertain2	0.00247**	0.00176*
	(2.29)	(1.65)
弱工具变量检验：F 值	11.225	19.477
过度识别检验：P 值	—	0.5191

注：括号内为 t 统计量，*，**，*** 分别表示在 10%，5% 和 1% 的置信水平上显著。

前述模型中我们忽略了消费者可能的"习惯偏好"对其最优消费—储蓄的选择。事实上，如果消费受到习惯的影响，当期的效用不仅依赖于当期的消费量，还依赖于滞后消费表示的"习惯存量"，则消费者的消费行为将更为谨慎从而导致消费推迟，储蓄增多。Deaton（1992），Seckin（1999），Carroll 等（2000）研究均表明，习惯形成同样能促使消费者的储蓄动机更为强烈。进一步的，龙志和等（2002）、齐福全和王志伟（2007）、艾春荣和汪伟（2008）、雷钦礼（2009）、贾男等（2011）的研究均表明，我国居民确实存在显著的习惯形成效应。因此，在研究预防性储蓄动机时，如果不控制习惯形成效应可能的干扰因素，则回归结果极有可能高估居民的预防性储蓄动机，从而有可能导致相应的政策建议无法达到预期的政策目标。为了简化，仿效 Deaton（1992）、艾春荣与汪伟（2008），以及贾男等（2011）等的做法，假定习惯存量仅依赖于消费者在上一期的消费水平。因此，可以将消费者的消费方程（4.21）式改写为：

$$\Delta c_{it} = \beta_0 + \beta_1 \Delta c_{it-1} + \beta_2 \mathrm{var}(c_{it}) + \mu_i + \lambda_t + \varepsilon_{it} \quad (4.22)$$

当解释变量中包含有被解释变量滞后项时，该模型实际上是一个动态面板数据模型，此时 OLS 估计和 FE 估计都没有考虑滞后被解释变量的内生性问题，结果是有偏误的。为了得到动态面板数据模型的一致估计，Anderson 和 Hsiao（1981）在对水平方程进行差分后，对于满足动态完备性的内生解释变量采用其滞后一期的水平变量作为差分项的工具变量进行回归。事实上，在扰动项不存在自相关的前提下，所有可能的滞后变量都可以作为工具变量，Anderson 和 Hsiao（1981）并没有充分加以利用，故不是最有效率的，基于此，Arellano 和 Bond（1991）提出了差分 GMM 估计。但是，该方法仍然可能存在一些问题，滞后一期的水平变量与当期差分变量之间的相关性可能很弱,从而引起弱工具变量问题。针对这一问题,Arellano 和 Bover(1995)则提出水平 GMM 估计,在个体效应与差分项不相关的假定下,使用差分项作为工具变量对水平方程进行 GMM 估计。Blundell 和 Bond(1998)则进一步把差分 GMM 和水平 GMM 结合在一起,将差分方程和水平方程作为一个方程系统进行 GMM 估计,即所谓的系统 GMM。该方法增加了矩条件数量,使得该估计量具有更好的小样本性质,提高了估计的效率。因此,本书采用系统 GMM 对(4.21)式进行估计。同时,为了克服因遗漏变量和测量误差而导致的滞后一期的消费增长和消费不确定性等变量的内生性,我们对满足动态完备性的解释变量使用自身的滞后值作为"内部工具",用完全外生的解释变量,包括时间虚拟变量和地区虚拟变量作为系统"外部工具"。相关的 Sargan 检验 P 值均较大,表明工具整体是有效的。同时,扰动项自相关检验结果表明,扰动项的差分存在一阶自相关但不存在二阶自相关,说明模型设定是合理的。

控制了习惯形成因素对消费行为影响后的回归结果依然表明城乡居民存在显著的预防性储蓄动机,且农村居民的绝对谨慎系数大于城市居民的绝对谨慎系数(见表 4.7)。进一步的,利用 2000~2010 年间我国城乡居民平均总消费支出数据,[①] 很容易得到城乡居民的相对谨慎系数,分别为 11.91 和 6.34。该数值和本章 4.2 节所估计的相对谨慎系数也是非常地接近。

表 4.7　　　　　　　　城乡居民绝对谨慎系数 3

	农村	城市
Constant	2012.3 (1.36)	-1277.2 (-0.29)
L. Dc	0.0474 (0.41)	-0.209 (-0.57)
Uncertain	0.00137*** (9.68)	0.000854*** (4.51)

---

① 以 1999 年为基期,2000~2010 年间我国农村和城市居民的平均消费支出分别为 2314 元和 6970 元。

续表

	农村	城市
Edu_year	-87.16 (-0.96)	63.30 (0.15)
Fyb	-7.870 (-1.00)	-33.17 (-1.35)
Sex_ratio	-8.119 (-0.51)	25.73 (0.38)
Sargan 检验：P 值	0.997	0.991
扰动项阶差分的 AR（1）检验：P 值	0.001	0.031
扰动项阶差分的 AR（2）检验：P 值	0.936	0.796

注：括号内为 t 统计量，*，**，*** 分别表示在 10%，5% 和 1% 的置信水平上显著。

4.4 计量结果分析

上述回归结果表明，不管是从绝对谨慎系数还是从相对谨慎系数来看，城市和农村居民都存在显著的预防性储蓄动机。从绝对谨慎系数和相对谨慎系数的数值大小来看，农村居民具有更大的衡量预防性储蓄动机强度的绝对谨慎系数，其值约为城镇居民的 1.5 倍；然而基于现有消费，农村居民衡量预防性储蓄量的相对谨慎系数则要小于城镇居民，约为后者的 60%。这一看似矛盾的结论其实是内在一致的。而且我们认为，上述现象产生的主要原因是，二元经济结构下城乡居民所面临的收入与消费决策的不确定性存在较大差异。

农村居民较低的相对谨慎系数则表明，给定城乡居民相同的风险占消费比变化，农村居民的预防性储蓄量比城镇居民低。这一结果也是合理的，因为城镇居民的收入和消费水平均高于农村居民，假定城乡居民的风险占消费比变化相同比例，则意味着城镇居民所面临的风险远高于农村居民所面临的风险变化。此时，城镇居民需要更多的预防性储蓄量来抵抗未来的风险，即其相对谨慎系数越大。这一结果或许能部分解释 1998 年以来城镇居民和农村居民储蓄率动态变化的事实。

需要注意的是，正如引言部分所说，相对谨慎系数虽然可以作为衡量预防性储蓄动机存在与否的指标，但是不能作为测量预防性储蓄动机强度的指标。因而，本书在讨论城乡居民预防性储蓄动机强度时，尤其是在对比城乡居民预防性储蓄动机强度时，使用的是绝对谨慎系数。

根据绝对谨慎系数，农村居民比城镇居民有着更高的预防性储蓄动机，其绝对谨慎系数大约是后者的 1.5 倍，这一结果符合人们的直观认识。此外，就我们所知，现有实证文献（如 Dynan，1993；龙志和与周浩明，2000；万广华等，2003；易行健等，2008；凌晨和张安全，2012等）都未曾直接估计和对比居民的绝对谨慎系数，本书的结果填补了这一缺失。计量结果中农村居民相对更高的绝对谨慎系数表明，在给定相同程度的不确定性时，农村居民相比城镇居民有着更高的预防性储蓄动机。一般认为，这一结果是由我国特殊的城乡二元经济结构引起的。首先，农村居民的收入水平相对较低，自我保障的能力相对较弱。在数据时段内，城镇居民的平均收入为 9388 元，而农村居民的平均收入仅为 3067 元。① 其次，城乡社会保障存在巨大差异，城镇居民享受的社会保障项目远多于农村居民。城镇居民可以享受到包括养老、疾病医疗、救济贫困、失业保险等多方面的社会保障，而农村居民只能部分地享受到新型农村养老保险和新型农村合作医疗保险。具有更高收入和更好社会保障的城镇居民有着更强地应对未来消费风险的能力。因此，农村居民有着更强的预防性储蓄动机是完全合理的。

最后，我们通过验证上述解释的合理性来结束本节。在过去 10 年中，政府明显增大了对社会保障制度的建设力度，特别是在农村层面，建立并推广新型农村养老保险和新型农村合作医疗保险，实行农村免费义务教育，使得农村居民开始享受更多的社会保障福利。可以预期随着农村居民教育、医疗和养老等社会保障体系的逐步完善，以及国家"取消农业税"和"推广新农合"等各项重大惠民政策的出台，农村居民的预防性储蓄动机将逐步减弱。为了验证这一猜想，我们归纳了城市居民和农村居民储蓄率的时序变化。从图 4.1 可知，1995 年开始，中国农村居民和城市居民的储蓄水平不断提高，1999~2004 年之间，城市居民和农村居民的家庭人均储蓄率基本都维持在 26% 以上。2004 年之后，城市居民的储蓄率继续稳步提升，但是农村居民的储蓄率在 2004

---

① 以 1999 年为基期的实际人均收入。

年之后却出现了一定幅度的下降,并且农村居民的储蓄率在2004年以后低于了城市居民的储蓄率。这意味着,在这一时期农村居民的预防性储蓄动机确实呈现出下降的趋势。

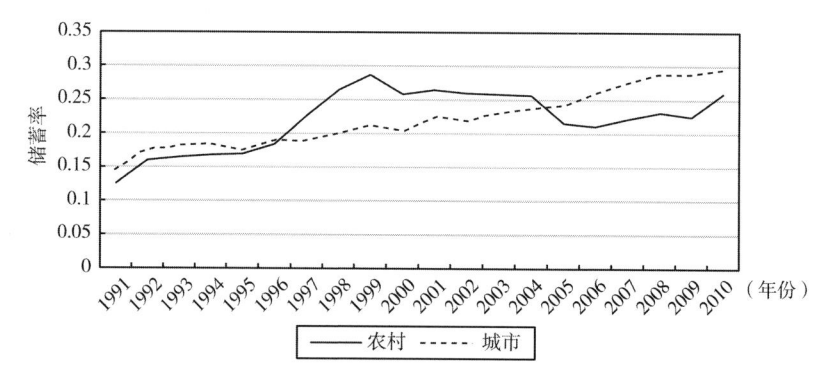

图 4.1　1991~2010年中国居民储蓄率变化

4.5　小　　结

本章从一个简单的预防性储蓄模型出发,推导出常相对谨慎系数型效用函数和常绝对谨慎系数型效用函数下检验消费者预防性储蓄动机的计量模型,然后采用我国26个省的省级面板数据对农村和城市居民的消费行为进行经验分析。结果发现,无论是从相对谨慎系数还是从绝对谨慎系数来看,城市和农村居民都存在显著的预防性储蓄动机。虽然城市居民的相对谨慎系数大于农村居民的相对谨慎系数,但是从绝对谨慎系数来看,农村居民的预防性储蓄动机要强于城市居民的预防性储蓄动机。对于这一看似矛盾的结论,本书给出了合理的理论解释,证明在我国现有的现实经济环境下,城乡居民绝对谨慎系数和相对谨慎系数所反映的问题是内在一致的。

本章的研究具有十分重要的意义。城市和农村居民显著地存在预防性储蓄动机,一方面,它意味着预防性储蓄理论可能在一定程度上能很好地解释中国城乡居民的高储蓄率问题;另一方面,它的政策含义是,要提振内需就必须从降低城市和农村居民消费决策环境不确定性方面入手,消除城乡居民消费的后顾之忧。

最后，需要指出的是，上述研究只是验证了城乡居民预防性储蓄动机的存在性并对比了城乡居民的预防性储蓄动机强度，并没有说明预防性储蓄能够在多大程度上解释我国居民的高储蓄率问题。消费者的预防性储蓄动机强度是由每个人的偏好结构决定的，它只是消费者面临不确定性时是否进行预防性储蓄的一个必要条件。说到底消费者最终的预防性储蓄行为是由其偏好结构和所面临的不确定性环境共同决定的。因此，不能仅仅基于上述结论就盲目地提出一系列刺激消费降低储蓄的政策建议。我们有必要进一步研究预防性储蓄是否是导致我国居民高储蓄率的重要原因。这一问题，我们将在下一章展开进一步的分析。

第 5 章 中国居民预防性财富的测度

5.1 预防性储蓄与预防性财富

正如 Carroll 和 Kimball（2008）所指出，在文献中与预防性储蓄行为相关的两个术语极其容易混淆，它们分别是：预防性储蓄（precautionary saving）和预防性储蓄（precautionary savings）。在开始本章的分析之前，我们需要对其做一个特别说明，以免混淆视听。其中，前一个预防性储蓄（precautionary saving）主要描述的是消费者在面临风险时对未来风险所做出的一种反应，是一种谨慎行为。而后一个预防性储蓄（precautionary savings）则是在某一时点上由过去的预防性储蓄行为所积累的额外财富量，是一个储蓄的存量概念。也就是说，任何时期的预防性储蓄（precautionary savings）都是由过去的预防性储蓄（precautionary saving）所产生的预防性储蓄流而形成的财富存量。在上一章，我们所说的预防性储蓄，实指预防性储蓄行为。在本章，我们要研究的则是预防性储蓄的量的问题。因此，在本研究的用词上，本章尽量使用预防性财富（precautionary wealth）代替预防性储蓄（precautionary savings），以避免概念上的混淆。

大量文献的经验分析结果都表明，我国城市居民和农村居民都存在显著的预防性储蓄动机。因此，不少学者认为我国现阶段的高储蓄率主要是由经济转型过程中各种不确定性所导致的。然而在过去 10 年中，随着城乡社会保障体系的建立与不断完善，居民的储蓄率并没有随之降低，经济发展事实与预防性储蓄模型的预测不相符合。总体而言，至少有两种理论可以很好地解释上述事实。第一，预防性储蓄占我国居民总储蓄的比例很低,因此降低未来不确定性并不能显著地降低储蓄率。第二,居民预防性储蓄动机受到其他因素的干扰,并不像先前文献估计的那么强烈。本章的分析主要集中在第一种解释的范畴内,着重讨论并测算中国城市居民和农村居民的预防性财富水平及其在总财富中的比重。

在研究中国居民预防性储蓄行为的现有文献中,虽然都已经检验并一致认为城市居民和农村居民存在显著的预防性储蓄动机,但是必须指出的是:预防性储蓄行为是谨慎态度和预期风险相结合的产物,预防性储蓄动机只是消费者产生预防性储蓄行为的必要条件之一,因此,消费者是否存在预防性储蓄动机与预防性储蓄是否重要(即预防性储蓄能否在较大程度上解释居民的储蓄动机和储蓄行为)是两个并不完全相同的概念。对此问题,国内还很少有文献涉及。但是,对于预防性储蓄重要性问题的研究无疑又对理解中国城乡居民储蓄和扩大内需政策的制定具有十分重要的现实指导意义。

对于预防性储蓄重要性问题的研究,国外已有大量文献。考虑到模型求解的便捷性以及本书前后文模型的一致性,本章主要基于上一章提到的一类特殊效用函数(CARA 型效用函数)展开分析。首先,借鉴 Caballero(1991)的研究方法,我们从一个有限期的动态跨期消费决策模型中求解出消费者的最优消费路径和预防性储蓄路径;其次,根据社会人口年龄分布结构构造出估算全社会人均预防性财富的代数表达式;最后,我们对理论模型中的关键参数进行合理的赋值,估算出社会人均预防性财富积累的理论预测值,以及预防性财富占居民总财富的比重。在构建理论模型时,我们也充分考虑了中国的实际情况。比如,模型中考虑到我国经济的飞速发展,本书假设人均收入是服从带漂移项的随机游走过程,以此来刻画居民收入在时间维度上的增长趋势。另外,考虑到城乡差异,我们将城市和农村作为两个样本分开研究。为了经验结果的可比性,对于城市居民和农村居民的研究我们采用的都是同一理论框架和同一样本时期的经验数据。本书研究结果发现,城市居民和农村居民确实都持有较多的预防性财富,至少能够解释居民财富积累的 20%~34%。最后,对上述结果提供了一些经济解释。

本章剩余部分将按照以下顺序展开:5.2 节是理论模型推导,通过对比确定性条件下消费者的财富累积函数和不确定性条件下消费者的财富累积函数,识别出消费者为应对不确定性而持有的预防性财富部分。

5.3节是参数赋值，主要是根据经验事实对模型中所涉及的一些核心的变量赋值，以便进一步的分析。5.4节是预防性财富估算，在给定的参数取值下估算了城市居民和农村居民预防性财富的理论预测值，并且计算了该理论预测值占城乡居民实际财富持有量的百分比。5.5节是对5.4节的经验结果的一个经济解释。5.6节是本章的小结。

5.2 理论分析

5.2.1 基本模型构建

模型的基本假定如下：代表性消费者 i 的有效决策期限一共是 T 年；即期效用函数 $u(c_{it})$ 是时间分离可加的；消费者每一期的财富水平是 A_{it}，且有初始条件 $A_{i0}=0$；金融市场是完全的，消费者在任何时期都可以以一个固定的利率 r 进行任意的借贷；消费者每一期的实际收入水平是 y_{it}，考虑到中国一直都是高经济增长的现实，实际人均收入水平在时间维度上也是存在一个增长趋势的，为了在模型中反映这一事实，我们令消费者的实际收入水平满足带漂移的随机游走形式，即 $y_{it}=y_{it-1}+k+\varepsilon_{it}$，其中 k 是一个固定的增长额度，$\varepsilon_{it}$ 是实际人均收入增长的随机冲击项。

在面临不确定性的动态优化问题中，我们通常都难以直接求出一个显示的最优解。为了模型推导的方便，我们在此对消费者的效用函数形式作出一些特殊的假定，进而使得不确定性条件下的动态优化问题求解成为可能。在文献中，常用的效用函数有两类，即常相对风险规避（ARRA）效用函数和常绝对风险规避（CARA）效用函数。因为 CARA 型效用函数在不确定性条件下更容易求得其显示解，所以本书令消费者的效用函数为 CARA 型，即：

$$u(c_t) = -e^{-\theta c_t}/\theta \tag{5.1}$$

根据上述假定，我们可以将家庭决策者最大化家庭现值期望效用的优化问题用数学表达式描述为：

第 5 章 中国居民预防性财富的测度

$$\max_{c_{it+j}} E_t \left[\sum_{j=0}^{T-t} \frac{1}{(1+\rho)^j} \left(-\frac{1}{\theta} e^{-\theta c_{it+j}} \right) \right] \tag{5.2}$$

$$\text{s.t. } c_{it} = y_{it} + (1+r)A_{it-1} - A_{it} \quad \text{当 } 0 \leqslant t \leqslant T \text{ 时} \tag{5.3}$$

$$E_t(A_{iT}) = 0 \tag{5.4}$$

$$A_{i0} = 0 \tag{5.5}$$

$$y_{it} = y_{it-1} + k + \varepsilon_{it} \tag{5.6}$$

其中，E_t 表示基于 t 期可得信息的条件期望，ρ 是消费者的主观贴现率，r 是利率水平，θ 是绝对风险规避系数（$\theta > 0$）。

5.2.2 模型求解

根据消费者跨期消费决策问题，我们构建贝尔曼方程：

$$V(A_{it}) = \max_{c_{it}} \left\{ -(1/\theta) e^{-\theta c_{it}} + \frac{1}{1+\rho} E_t [V(A_{it+1})] \right\} \tag{5.7}$$

对于上述优化问题，欧拉方程依然为：

$$e^{-\theta c_{it}} = \frac{1+r}{1+\rho} E_t [e^{-\theta c_{it+1}}] \tag{5.8}$$

要从（5.8）式中求解出消费函数的显示解，我们还需要对模型做进一步的简化。在此，我们令实际利率为 0。这个假定看似脱离现实，实际上，这一假定并不会对本书的结论产生重大的影响。首先，Caballero（1991）对比了利率为 0 和利率不为 0 时的结果，并指出其文章的结论并不会因为对利率设定的简化而被弱化。其次，考虑到中国长期以来的通货膨胀水平和名义利率水平，这一假定和现实是基本吻合的。2005~2009 年间，中国每年通货膨胀率和一年期存款利率的算术平均值和几何平均值几乎持平，剔除通货膨胀水平后的实际利率仅为 5‰左右。基于上述两点理由，我们不必担心将实际利率设定为 0 会引起结论的严重偏误。当实际利率为 0 时，将欧拉方程和财富约束条件简化为：

$$e^{-\theta c_{it}} = E_t [e^{-\theta c_{it+1}}]/(1+\rho) \tag{5.9}$$

$$c_{it} = y_{it} + A_{it-1} - A_{it} \tag{5.10}$$

$$E_t(c_{iT}) = E_t(y_{iT}) + E_t(A_{iT-1}) \tag{5.11}$$

对于（5.8）式，我们很容易证明（代入即可验证）消费函数满足如下带漂移项的随机游走过程：

$$c_{it+1} = c_{it} + \Gamma_{it} + w_{it+1} \quad (5.12)$$

其中，Γ_{it} 是一个未知的常数项，w_{it} 是消费支出的随机冲击项。为了求解出 Γ_{it} 的具体取值，我们将（5.12）式重新代入（5.9）式中，经过整理得到：

$$\Gamma_{it} = \frac{1}{\theta}[\ln E_t(e^{-\theta w_{it+1}}) - \ln(1+\rho)] \quad (5.13)$$

为了分析简便，我们再假设人均消费支出的随机冲击项 w_{it} 独立同分布，且服从均值为 0 方差为 σ_w^2 的正态分布。因为 $w_{it+1} \sim N(0, \sigma_w^2)$，所以我们有：

$$\ln E_t(e^{-\theta w_{it+1}}) = \theta \sigma_w^2/2 \quad (5.14)$$

联立（5.12）式、（5.13）式和（5.14）式，得到如下形式的消费函数：

$$c_{it+1} = c_{it} - \ln(1+\rho)/\theta + \theta\sigma_w^2/2 + w_{it+1} \quad (5.15)$$

根据（5.15）式，我们可以得到：

$$c_{it} = E_t(c_{iT}) - (T-t) \cdot [\theta\sigma_w^2/2 - \ln(1+\rho)/\theta] \quad (5.16)$$

将约束条件（5.11）式代入（5.16）式，消去 $E_t(c_{iT})$，得到：

$$c_{it} = E_t(y_{iT}) + E_t(A_{iT-1}) - (T-t)[\theta\sigma_w^2/2 - \ln(1+\rho)/\theta] \quad (5.17)$$

因为人均收入函数为 $y_{it} = y_{it-1} + k + \varepsilon_{it}$，所以有：

$$E_t(y_{iT}) = y_{it} + (T-t)k \quad (5.18)$$

联立（5.17）式和（5.18）式，替换掉（5.17）式中的 $E_t(y_{iT})$，得到：

$$c_{it} = y_{it} + E_t(A_{iT-1}) - (T-t) \cdot [\theta\sigma_w^2/2 - \ln(1+\rho)/\theta - k] \quad (5.19)$$

联立（5.19）式和（5.10）式，可得：

$$E_t(A_{iT-1}) = A_{iT-1} - A_{it} + (T-t)[\theta\sigma_w^2/2 - \ln(1+\rho)/\theta - k] \quad (5.20)$$

因为 $E_t(A_{iT}) = 0$，所以对（5.20）式两边计算从第 t 期到第 T 期的算术平均值便可得到：

$$E_t(A_{iT-1}) = \frac{A_{it-1}}{T-t+1} + \frac{(T-t)}{2}[\theta\sigma_w^2/2 - \ln(1+\rho)/\theta - k] \quad (5.21)$$

将（5.21）式代入（5.19）式，消掉（5.19）式中的 $E_t(A_{iT-1})$，得到：

$$c_{it} = y_{it} + \frac{A_{it-1}}{T-t+1} - \frac{(T-t)}{2}[\theta\sigma_w^2/2 - \ln(1+\rho)/\theta - k] \quad (5.22)$$

根据恒等式 $s_{it} \equiv y_{it} - c_{it}$ 进一步可得消费函数表达式：

$$s_{it} = \frac{(T-t)}{2}[\theta\sigma_w^2/2 - \ln(1+\rho)/\theta - k] - \frac{A_{it-1}}{T-t+1} \quad (5.23)$$

又因为财富是储蓄的累积函数，即 $A_{it} = A_{it-1} + s_{it}$，所以我们由（5.23）式可以求得人均财富函数：

$$A_{it} = \frac{j(T-t)}{2}[\theta\sigma_w^2/2 - \ln(1+\rho)/\theta - k] + \frac{T-t}{T-t+j}A_{it-j} \quad (5.24)$$

因为初始条件为 $A_{i0}=0$，所以令 $j=t$ 便得到消费者在第 t 期的财富水平为：

$$A_{it} = \frac{(T-t)t\theta\sigma_w^2}{4} - \frac{(T-t)t}{2}[\ln(1+\rho)/\theta + k] \quad (5.25)$$

在不确定性条件下，消费者的财富积累包含两部分：一部分是为应对不确定性的预防性储蓄所形成的预防性财富；另一部分是在确定性条件下也存在的为了平滑各期消费而形成的财富积累。因此，我们需要从（5.25）式中进一步分离出预防性财富水平。

在确定性条件下，欧拉方程为 $e^{-\theta\tilde{c}_{it}} = e^{-\theta\tilde{c}_{it+1}}/(1+\rho)$，两边取对数得到：

$$\tilde{c}_{it} = \tilde{c}_{it-1} - \ln(1+\rho)/\theta \quad (5.26)$$

从（5.26）式可以得到：

$$\tilde{c}_{it} = \tilde{c}_{iT} + (T-t)\ln(1+\rho)/\theta \quad (5.27)$$

将确定性条件下的财富约束条件 $\tilde{c}_{iT} = y_{iT} + \tilde{A}_{iT-1}$ 代入（5.27）式，

便得到：

$$\tilde{c}_{it} = y_{iT} + \tilde{A}_{iT-1} + (T-t)\ln(1+\rho)/\theta \qquad (5.28)$$

在确定性条件下，我们还可以由收入函数 $y_{it} = y_{it-1} + k$ 得到：

$$y_{iT} = y_{it} + (T-t)k \qquad (5.29)$$

联立（5.28）式和（5.29）式，得到：

$$\tilde{c}_{it} = y_{it} + \tilde{A}_{iT-1} + (T-t)[\ln(1+\rho)/\theta + k] \qquad (5.30)$$

将 $\tilde{c}_{it} = y_{it} + \tilde{A}_{it-1} - \tilde{A}_{it}$ 代入（5.30）式，便可得到：

$$\tilde{A}_{iT-1} = \tilde{A}_{it-1} - \tilde{A}_{it} - (T-t)[\ln(1+\rho)/\theta + k] \qquad (5.31)$$

对（5.31）式两边计算从第 t 期到第 T 期的算术平均值便可得到：

$$\tilde{A}_{iT-1} = \frac{\tilde{A}_{it-1}}{T-t+1} - \frac{(T-t)}{2}[\ln(1+\rho)/\theta + k] \qquad (5.32)$$

将（5.32）式代入（5.30）式，消掉 $\tilde{A}_{iT-1}$，得到：

$$\tilde{c}_{it} = y_{it} + \frac{\tilde{A}_{it-1}}{T-t+1} + \frac{(T-t)}{2}[\ln(1+\rho)/\theta + k] \qquad (5.33)$$

由消费和储蓄的恒等关系式 $\tilde{s}_{it} \equiv y_{it} - \tilde{c}_{it}$ 可知：

$$\tilde{s}_{it} = -\frac{(T-t)}{2}[\ln(1+\rho)/\theta + k] - \frac{\tilde{A}_{it-1}}{T-t+1} \qquad (5.34)$$

再根据财富和储蓄的关系式 $\tilde{A}_{it} = \tilde{A}_{it-1} + \tilde{s}_{it}$ 得到：

$$\tilde{A}_{it} = -\frac{j(T-t)}{2}[\ln(1+\rho)/\theta + k] + \frac{T-t}{T-t+j}\tilde{A}_{it-j} \qquad (5.35)$$

因为 $A_{i0} = 0$，所以令 $j = t$ 便可得到确定性条件下消费者在第 t 期的财富水平为：

$$\tilde{A}_{it} = -\frac{(T-t)t}{2}[\ln(1+\rho)/\theta + k] \qquad (5.36)$$

对于年龄为 t 的消费者，不确定性条件下的财富水平和确定性条件下的财富水平之差便是消费者由于不确定性而积累的预防性财富，即预防性财富为（5.25）式和（5.26）式之差：

$$A_{it}^* = \frac{(T-t)t\theta\sigma_w^2}{4} \quad (5.37)$$

5.2.3 预防性储蓄重要性的度量指标

由于我们所拥有的数据样本在时间维度上较短，不能涵盖每个消费者整个生命周期内的所有消费和储蓄数据，所以我们并不能观测到每个年龄段的居民在每一期的实际财富积累情况。我们在此将根据截面数据或短面板数据来计算预防性储蓄所引起的社会人均预防性财富量，然后通过人均预防性财富在人均实际财富积累中所占的比重来判断预防性储蓄是否是引起居民高储蓄行为的重要原因。

如果我们令 P(j) 是特定时期的社会人口年龄结构函数，表示在特定时期年龄为 j 的居民人数 n_j 占社会总人口数 N 的百分比。假定每个消费者都是同质的，我们便可以根据（5.37）式求解出特定时期社会人均预防性财富量为：

$$\bar{A}_t = \frac{1}{N}\sum_{j=1}^{T}[A_{ij}^* \cdot n_j] = \sum_{j=0}^{T}[A_{ij}^* \cdot p(j+t_0)] \quad (5.38)$$

其中，t_0 为代消费者开始进行消费储蓄决策的初始年龄，T 为消费者需要考虑的决策期限。如果我们再拥有社会人均实际财富总量数据（用 A_t 表示），那么我们便又可以构建出另一个检验预防性储蓄重要性的统计指标 $\bar{A}_t/A_t$，即特定时期社会人均预防性财富占人均实际总财富量的比重。

5.3 参数赋值

由上一小节可知，要测算出中国城乡居民由于未来不确定性而进行的预防性储蓄在消费者储蓄行为中的比重，我们需要对上述模型中的一些参数赋值。接下来，我们结合现有文献的一些研究结论和中国城乡居民的客观实际情况对几个主要参数的取值范围进行讨论。

5.3.1 消费者决策期限的设定

本书首先要确定每个消费者的预期寿命和开始进行决策的初始年龄。在 Caballero（1991）的文章中，他将消费者的决策期限直接等价于预期寿命长度，并将消费者的预期寿命长度的值分别取为 57 岁和 69 岁。实际上，这样的取值不太合理，因为消费者并不是严格地在整个生命周期中平滑消费。消费者在参加工作以前和参加工作以后的决策环境是不一样的，在参加工作以前，消费支出主要是用于教育投资和衣食支出，因此在参加工作以前的年均消费是低于参加工作以后的年均消费的。如果将参加工作以前的这段时期和参加工作以后的这段时期完全等价会产生一定的偏误。

为了在一定程度上修正这一问题，本书假设消费者的消费决策期限是从 15 岁开始的。这一假设基于以下的理由：小学和初中是 9 年义务教育阶段，因此在 15 岁以前，消费者的年均消费支出需求是很少的，从 15 岁开始，年均消费支出需求会有所增加，但是也还是不及参加工作以后的年均消费支出需求，所以，我们可以通过忽略 15 岁以前的消费需求，而将其附加到 "15 岁以后且参加工作以前" 这段时期的消费需求上。这样，我们就可以近似地假设消费者是从 15 岁开始优化决策，且每个时期对消费支出的需求是很接近的。考虑到中国居民的人均预期寿命在本书的数据样本期间内大约达到 75 岁。因此，本书将中国居民的消费决策计划期限 T 取值为 60。

5.3.2 人口年龄结构的计算

由于本书计量分析所采用的是 2000~2010 年间的中国城乡居民各期的消费数据，所以相对应的人口年龄结构也应该是 2000~2010 年间的各期数据。但是，关于历年人口年龄结构的真实数据存在一定的缺失。关于全国人口年龄结构的真实数据主要来源于全国人口普查数据，而人口普查每隔 10 年进行一次，所以在 2000~2010 年间，我们仅有 2000 年（第五次人口普查）和 2010 年（第六次人口普查）统计的全国人口普查数据。为了得到 2000~2010 年间各期的人口年龄结构，本书采用了不同的近似方法来计算。

首先，采用求平均值的方法近似。用 $P_5(j)$ 表示在 2000 年人口普查时年龄为 j 的居民人数占总人口的百分比，$P_6(j)$ 表示在 2010 年人口普查时年龄为 j 的居民人数占总人口的百分比。因为 2000 年年龄为 j 的居民到了 2010 年，则年龄为 j+10，所以在 2000 年人口普查后第 t 年（t<10）年龄为 j 的人口在总人口中的百分比可以近似地用 $P_5(j)$ 和 $P_6(j)$ 的加权平均表示。距离 2000 年越近则人口年龄结构越接近于 $P_5(j-t)$，距离 2010 年越近则人口年龄结构越接近于 $P_6(j+10-t)$，所以加权平均公式为：

$$P(j) = [(10-t) \cdot P_5(j-t) + t \cdot P_6(j+10-t)]/10 \quad (5.39)$$

根据（5.39）式我们便可以进一步求得 2000~2010 年间的平均人口年龄结构 $\bar{P}(j)$ 大约为：

$$\bar{P}(j) = \sum_{t=0}^{10} [(10-t) \cdot P_5(j-t) + t \cdot P_6(j+10-t)]/110, j \geq 10 \quad (5.40)$$

根据（5.40）式便可分别计算得到 2000~2010 年间中国城乡居民的平均人口年龄结构，如图 5.1 所示。从图 5.1 中可以发现，城乡居民的人口年龄结构分布具有如下特征：城市居民中 20~55 岁居民所占比重要高于农村居民中 20~55 岁居民所占比重，但城市居民中 20 岁以前居民所占比重要低于农村居民中 20 岁以前居民所占比重。这一现象正好验证了中国城市化进程中农村人口向城市人口转变的事实。因为，农村人口要转变为城市人口是需要一定的准入条件的，如专业技能、营商能力、知识水平等，而具备这些条件的主要是青年人，所以城市化过程主要是青年人的城市化过程。出现城市居民中中年人比重较大的现象也便是顺理成章的事。

但是，上述计算人口年龄结构的近似方法必然会存在一定的偏误。为了保证本章结论的可靠性，本书进一步求出真实人口年龄结构的上界和下界。由于长期以来，中国的人口数量始终保持着 5‰ 以上的自然增

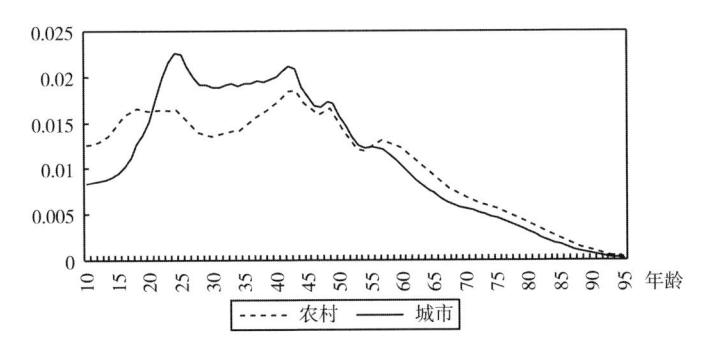

图 5.1 2000~2010 年间城乡平均人口年龄结构

长率，所以我们可以得到 2000~2010 年间任一年人口年龄结构 P(j) 的上界和下界：

$$P_6(j+10-t) \leq P(j) \leq P_5(j-t) \quad \forall\ 0 \leq t \leq 10;\ j \geq t \quad (5.41)$$

根据 (5.41) 式，我们便可以计算出中国城市居民和农村居民在 2000~2010 年间平均人口年龄结构 $\bar{P}(j)$ 的上界和下界（如图 5.2 和图 5.3 所示）：

$$\left[\sum_{t=0}^{10} P_6(j+10-t)/11,\ \sum_{t=0}^{10} P_5(j-t)/11\right],\ j \geq 10 \quad (5.42)$$

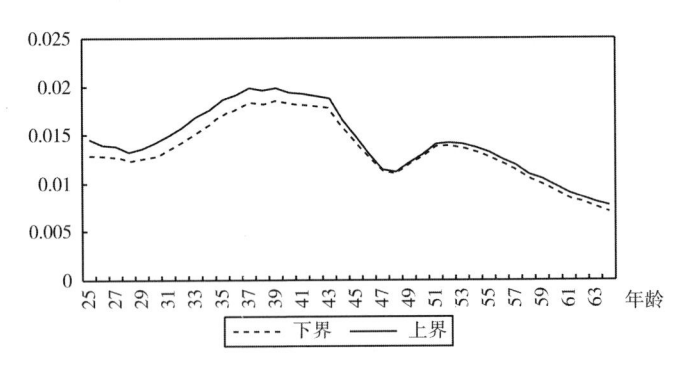

图 5.2 农村平均人口年龄结构的上下界

联立 (5.40) 式和 (5.42) 式，我们有：

$$\bar{P}(j) \in \left[\sum_{t=0}^{10} P_6(j+10-t)/11,\ \sum_{t=0}^{10} P_5(j-t)/11\right] \quad (5.43)$$

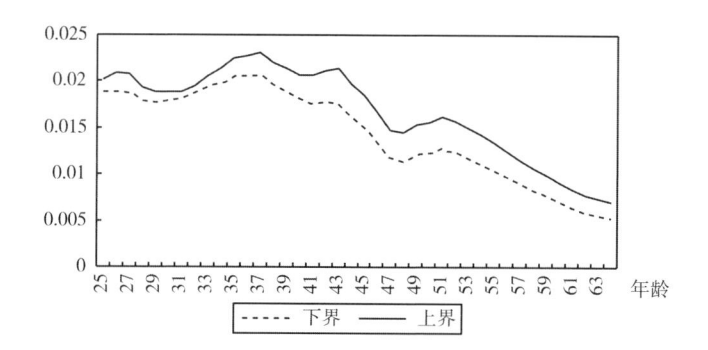

图 5.3　城市平均人口年龄结构的上下界

可以看出，人口年龄结构均值的上界和下界差异并不大，说明即便是采用简单的近似方法求解人口年龄结构也并不会使得本书结论发生很大的变化。本书后续部分通过报告基于人口年龄结构的上界和下界计算得到的结果作为对比参照，也证实了结论的可靠性。

5.3.3　谨慎系数与风险的乘积

在本书前文 4.3 节中，我们已经估计了消费者绝对谨慎系数 $\theta/2$，城市居民和农村居民分别为 0.00171 和 0.00274；同时也估计出了总消费支出的不确定性 σ_w^2，城市居民和农村居民分别为 17155 和 4578。因此，只需将两者的乘积再乘以 2 便得到我们所需要的参数 $\theta\sigma_w^2$：城市居民为 64.16，农村居民为 24.54。具体计算过程和结果如表 5.1 所示。

表 5.1　$\theta\sigma_w^2$ 的计算

	农村	城市
$\theta/2$	0.00274	0.00171
σ_w^2	4578	17155
$\theta\sigma_w^2$	24.54	64.16

5.4 预防性储蓄的重要性

5.4.1 预防性财富水平测算

根据人均预防性财富计算公式 $\bar{A}_t = \frac{1}{N}\sum_{j=1}^{T}[A_{ij}^* \cdot n_j] = \sum_{j=0}^{T}[A_{ij}^* \cdot p(j+t_0)]$，以及对其中参数 T、$t_0$、P(j) 和 $\theta\sigma_w^2$ 的赋值，我们可以从理论上估算出中国城乡居民为应对未来不确定性而持有的理想的人均预防性财富水平，结果如表5.2所示。假设消费者的决策期限是60年时，根据中国城乡居民 2000~2010 年的省级消费数据所估算出的城市和农村居民人均预防性财富水平分别是：（1）当人口年龄结构采用近似值时，城市和农村居民的人均预防性财富估计量分别为 8310 元和 3166 元。（2）当人口年龄结构采用的是其下界时，城市和农村居民的人均预防性财富估计量分别为 7372 元和 2954 元。（3）当人口年龄结构采用的是其上界时，城市和农村居民的人均预防性财富估计量分别为 8456 元和 3218 元。首先，结果显示，根据不同的人口年龄结构 P（j）所得到的估计结果十分接近，所以我们不用担心对人口年龄结构所估计的值的不精确而使得结论发生大的偏误。基于本书的估计方法可以得到基本正确的结论。其次，不管是从本书所估计的近似的平均值、还是从上界值或下界值来看，城市居民比农村居民持有更多的预防性财富，且城市居民人均持有的预防性财富量大约是农村居民人均持有的预防性财富量的 2.63 倍。这一结果符合人们的直观感受，也与本书前文 4.2 节所得到的结论"城市居民的相对谨慎系数大约是农村居民的两倍"基本一致。

表 5.2　　　预防性储蓄引起的城乡居民财富积累量　　　单位：元

人口年龄结构 P(j)	T=60 农村	T=60 城市
近似值	3166	8310
下　界	2954	7372
上　界	3218	8456

5.4.2 预防性财富占总财富比重

根据公式 $\bar{A}_t/A_t$ 可计算预防性财富在居民总财富中所占的比重，从而验证预防性储蓄对于城市和农村居民储蓄行为影响的重要程度。虽然我们已经估计了人均预防性财富水平 $\bar{A}_t$，但是我们还需要另一个关键的指标，即城市和农村居民的实际人均财富持有量 A_t。要统计居民财富持有量具有一定的难度，因此关于居民财富水平的权威统计数据较为缺乏。本书主要采用的是甘犁等（2012）的家庭金融调查报告、陈彦斌（2008）和钟伟（2010）等学者所提供的微观调查数据和理论预测数据。

根据《中国家庭金融调查报告·2012》的数据显示，中国城市家庭平均持有的财富净值大约为146.79万元，而农村家庭平均持有的财富净值大约为11.79万元。由于本书需要的是人均财富持有水平，因此我们需要对家庭总量数据进行处理。根据全国人口普查数据计算得到，城市家庭的家庭成员数量大约为每户2.71人，农村家庭的家庭成员数量大约为每户3.33人。然后，通过家庭平均财富总量除以家庭平均人数得到城市居民和农村居民的人均财富持有量。城市居民和农村居民的人均财富水平分别为54.22万元和3.54万元。

陈彦斌（2008）则使用另一组调查数据，即奥尔多投资研究中心的家庭资产调查数据系统，来估算了中国城市居民和农村居民的财富水平。从全样本数据的估计结果来看，城市居民和农村居民的人均财富持有量大约分别为30.60万元和8.43万元，但是考虑到家庭之间的财富分配不均，特别是一些家庭的财富水平过高会使得估计的结果产生偏倚，为了克服这种因极端值而使得数据分析可靠性降低的情况，陈彦斌（2008）采用Morissette和Zhang（2006）所建议的方法，分别将财富水平最高1%和5%的样本剔除后重新分析。在剔除财富水平最高的1%和5%的家庭以后，城市居民的人均财富持有量分别为28.60万元和25.25万元，而农村居民的人均财富持有量分别为5.74万元和4.71万元。考虑到极端值的影响，本书选取剔除最富有的5%的家庭后计算的城市居民和农村居民财富。

钟伟（2010）也指出，从人均财富持有总水平来看，城市居民大约为23万元，农村居民大约为17.5万元，但是，从确权的人均财富水平来看，城市居民大约为20万元，农村居民大约为5万元。本书最后采用的是城市居民和农村居民的确权财富。

在此，我们需要特别指出的是，上述三组财富数据是涵盖了所有财富形式的，比如住房等不动产财富。由于住房等不动产财富更多承担的是消费功能，而不是储蓄和投资功能，因此并不能完全将这部分财富等同于金融财产。黄平（2006）和骆祚炎（2007）等一些国内文献也证实了不动产不具有显著的财富效应。所以，本书认为选取金融财产作为居民财富水平的衡量指标更为准确。本书的金融财产数据来自于《中国家庭金融调查报告·2012》，经过换算得到城市居民和农村居民人均金融财产持有量分别为4.12万元和0.93万元。

表5.3报告了分别采用上述四组财富数据计算人均预防性财富占人均总财富的比重的结果。表5.3的第一列显示的是我们所采用的人均总财富数据的来源。第2列、第3列和第4列、第5列和第6列以及第7列分别是选取人均预防性财富的近似值、下界值和上界值计算的城乡居民预防性财富占人均总财富的比重。如表5.3所示，即使我们在人均财富水平中包含不动产等财富，预防性财富也能解释农村居民6%~9%的财富积累，解释城市居民1.5%~5%的财富积累。如果我们仅仅选取人均金融财产作为人均财富水平衡量指标，那么预防性财富则能解释农村居民34%左右的财富积累，解释城市居民20%左右的财富积累。

表5.3　　　　　城乡居民预防性财富占总财富的比重　　　　　单位:%

人均财富 A_t	预防性财富水平 $\bar{A}_t$					
	近似值		下界		上界	
	农村	城市	农村	城市	农村	城市
CHFS	8.96	1.54	8.35	1.36	9.10	1.56
陈彦斌	6.72	3.29	6.28	2.92	6.83	3.35
钟伟	6.33	4.15	5.91	3.69	6.44	4.22
金融财产	34.06	20.14	31.79	17.87	34.62	20.49

5.5 经验结果分析

不管是从城乡居民人均持有的预防性财富绝对量来看，还是从预防性财富占金融财产的比重来看，结论都表明预防性储蓄是引起我国城乡居民"高储蓄低消费"现象的一个重要原因，但是城乡居民之间的预防性储蓄行为存在一定的差异。

首先，从城乡居民人均持有的预防性财富绝对量来看，城市居民持有更多的预防性财富。我们认为，虽然农村居民的预防性储蓄动机强于城市，但是城市居民持有的预防性财富多于农村居民持有的预防性财富也是合乎逻辑的。这主要是由于城乡居民所面临的不确定性存在以下几方面差异引起的：

（1）收入结构差异。从城市和农村居民的收入构成来看，两者的不确定性存在较大的差异。工资性收入、经营性收入、财产性收入和转移性收入是城市居民收入构成的四个重要部分，家庭经营性收入和工资性收入则是农村家庭的两个主要收入来源。其中，工资性收入一般都是事先有合同约定的，有很强的工资刚性或黏性，因此工资性收入在短期内是具有稳定性和可预见性的；而财产性收入和经营性收入容易受到各种经济扰动因素的影响，具有很大的不确定性。随着转型期间城乡居民就业结构的调整，其收入结构也发生了相应的变化。

根据中经统计网统计数据，工资性收入在农村居民收入中的比重在逐步增高，由 2000 年的 31.17% 上升到 2010 年的 41.07%，越来越成为农村居民主要的收入来源，而经营性收入的比重在逐步下降，由 2000 年的 63.34% 下降到了 2010 年的 47.86%。相反，2000～2010 年间，风险较小的工资性收入在城市居民的收入中所占比例在逐步下降，而风险相对较高的财产性收入和经营性收入在城市居民收入中所占的比例却在逐步增高。城市居民和农村居民各项收入比重的变动如图 5.4 和图 5.5 所示。特别是 1998 年开始的国有企业改革，在很大程度上打破了城市居民原有的稳定的就业制度，而相应的就业及社会保障制度建设又相对滞后。因此，从收入结构来看，相对于农村居民，城市居民面临的不确定性越来越大。

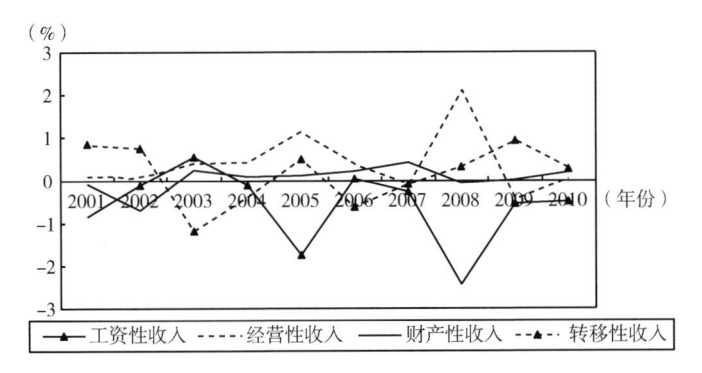

图 5.4　城市居民各项收入比重的变化量

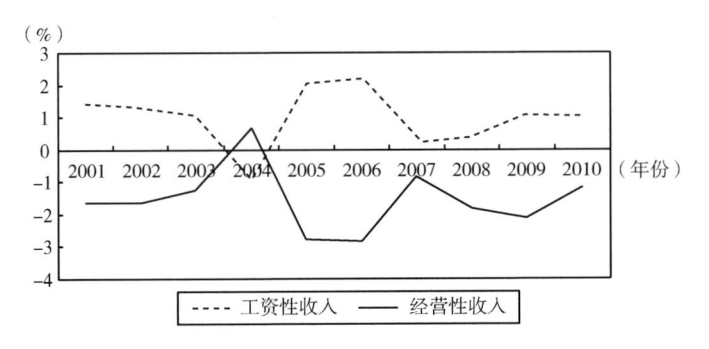

图 5.5　农村居民各项收入比重的变化量

（2）消费支出差异。从城市居民和农村居民的消费支出结构和范围上来看，两者面临的不确定性也存在较大差异。《中国家庭金融调查报告·2012》的数据显示，城市居民人均消费支出的绝对量是农村居民的 1.68 倍，这意味着如果每单位消费支出面临着同样程度的风险，那么城市居民面临的不确定性要远大于农村居民，且大约是农村居民的 1.68 倍。另外，近些年来，城市居民消费支出不断膨胀，特别是不断攀升的房价、昂贵的医疗和高投入的教育，一方面使得城市居民的消费能力被分流，另一方面消费支出的增长还加大了未来消费支出的不确定性，从而强化了城市居民的预防性储蓄行为。而农村居民随着政府逐步取消农业税等税费，支出负担逐步减少，从而弱化了其预防性储蓄行为。因此，从消费支出来看，城市居民面临的不确定性也更大。

（3）政府政策倾斜。长期以来，我国的经济建设是以城市为中心，由农业哺育工业，使得农村发展滞后，但是，随着工业的"长成"，国家政策也逐渐在向农村倾斜。近些年来，政府将农村的建设和发展提上议程，加大了对农村的扶持和投资力度。比如新型农村养老保险和新型农村合作医疗保险等一系列社会保障体系的建立和推广，使得农村居民也开始逐步享受更多的社会保障福利。这在一定程度上解决了农村居民未来消费的后顾之忧，从而降低了对未来支出不确定性的预期，同时也相应地降低了农村居民的预防性储蓄动机。

其次，从城乡居民人均持有的预防性财富占人均总财富的比重来看，预防性储蓄对农村居民的储蓄行为解释得更多。我们认为这主要是由于城乡居民的收入水平差异导致的。对于农村居民而言，收入水平较低，收入基本够维持各项必需的消费支出，可供自由随意支配的收入其实并不多，因此用于储蓄以平滑消费路径的部分也就不是太多。所以在农村居民的储蓄中主要是预防性储蓄。而城市居民的收入水平相对较高，个人收入除了能够支付各项必需的消费支出外，还有较大的剩余可供自由随意支配，因而消费者用于储蓄以平滑消费的部分也就较多。所以预防性储蓄在城市居民的总储蓄中所占的比例就较低。但是，我们需要明确的是，城市居民的预防性财富占总财富的比重相对较小，并不意味着城市居民的预防性储蓄行为就不重要。

5.6 小 结

本章在统一的理论框架和相同时期的样本数据下，对中国城市居民和农村居民的预防性储蓄行为所积累的预防性财富进行了大致的估算。估算结果显示，城市居民的人均预防性财富水平为9000元，农村居民为3000元，分别能够解释其各自金融财产积累的22%和33%左右。这说明，预防性储蓄是中国城乡居民的重要储蓄动机之一。因此，在中国目前内需乏力的现实背景下，这一结论对于我国今后的消费理论研究和相关政策制定具有极为重要的导向作用。

当然，本章的估算也存在一些缺陷。整个分析是建立在消费者是前向预期、足够理性，资金市场是充分发展、可以自由借贷的假定上的，忽略了消费者在消费决策过程中可能面临的融资约束问题。事实上，融资约束也是引起消费者进行预防性储蓄的一个重要原因，而融资约束在现实生活中又可能是普遍存在的。这种融资约束，既包括硬约束，也包括软约束。所谓硬约束就是金融市场不完善等各种因素导致的贷款者贷不到钱；软约束则是指消费者并非贷不到钱，而是出于债务规避的心理不愿意贷款消费。所以，本章在估算城乡居民预防性财富水平时所做的估算是相对保守的。现实中，城乡居民的预防性财富水平可能远不止本书研究中所报告的数字，预防性储蓄理论对于中国城乡居民高储蓄行为的解释能力可能更强。

第6章 影响中国居民预防性储蓄的主要因素

6.1 预防性储蓄的潜在影响因素

根据前文结论，我们认为中国城乡居民均存在预防性储蓄行为，但是至此我们并未探讨影响城乡居民预防性储蓄的主要因素是什么。显然，对于这一问题的探讨有助于我们更加深入地了解城乡居民背后的预防性储蓄动机，并为相关政策制定提供有价值的参考。因此，在本章我们的主要任务就是厘清影响中国城乡居民预防性储蓄的主要因素。

影响居民预防性储蓄行为的既有主观因素也有客观因素。主观因素是由消费者效用函数决定的预防性储蓄动机强度，客观因素是独立于消费者个人特征以外的各种不确定性因素。虽然预防性储蓄动机强度是由消费者的偏好结构外生决定的，但是我们的直觉是消费者收入越高则越不担心不确定性的冲击，因此消费者预防性储蓄动机强度会随着收入的提高而降低。首先，本章考察预防性储蓄动机强度的影响因素。通过检验消费者预防性储蓄动机强度与消费者收入水平的相关关系，验证了"收入水平越高则预防性储蓄动机越弱"这一经济直觉。

另外，现有文献通常只是将每一期实际消费支出的不确定性作为解释变量考察居民的预防性储蓄行为，而没有从实际消费支出的不确定性中分离出收入不确定性、投资收益不确定性和各项预期支出不确定性。目前鲜有针对资本投资收益不确定性对我国居民预防性储蓄动机影响的研究和不同消费支出项目的不确定性对中国居民预防性储蓄行为影响的研究。

不管是学术界理论研究者，还是政府部门政策制定者，都很关注利率对居民消费和储蓄行为的影响。但是，根据现代经济理论我们认为利率变化对居民储蓄既有正向的促进作用也有反向的制约作用，利率与储蓄之间的关系似乎非常的含混不清。一些经验研究也是如此，发现利率对居民储蓄行为的影响是不确定的和不显著的，比如徐燕（1992）的实证研究认为1978～1987年间居民储蓄与利率存在正向的变动关系，而张文中和田源（1990）等的实证研究则认为1979～1987年间居民储蓄与利率存在反向的变动关系。因此，部分学者在研究居民的消费和储蓄行为时，认为利率对于居民储蓄行为的作用非常微弱，进而在分析框架中对利率的设定作出简化处理，忽略利率对于消费者储蓄行为的影响。

由于要从总的消费支出波动中同时分解出投资收益不确定性和其他消费支出不确定性会使得方程较为复杂，所以本书在徐绪松和陈彦斌（2003）的基础上，首先单独将投资收益不确定性引入传统的预防性储蓄模型，并借助一个常绝对风险规避型（CARA）效用函数推导出能够检验在投资风险下消费者预防性储蓄动机强度的计量方程。然后利用城镇居民季度时间序列数据来重新检验中国城镇居民的预防性储蓄动机强度以及投资风险对消费者预防性储蓄动机的影响。考虑到投资渠道的多样性，本书分别使用股票市场收益不确定性和利率市场不确定性作为投资风险的代理变量进行回归。回归结果显示，投资收益风险对城镇居民预防性储蓄动机具有正向的影响，且风险较低的投资市场的不确定性对居民预防性储蓄动机的影响更大。同时，在控制了投资收益不确定性后，由非资本收入不确定性引起的城镇居民预防性储蓄动机依然显著。上述结论在不同的估计方法和代理变量下均成立。

最后，现有文献主要强调的是收入不确定性对消费者储蓄动机的影响，认为未来收入的不确定性是导致居民当期进行预防性储蓄的主要原因。然而，一些关于家庭储蓄或财富积累的经验分析似乎并没有证实收入不确定性对居民储蓄行为存在正向的影响，比如Skinner（1988）发现自雇佣和销售人员这类收入风险较高的人群的储蓄率反而较低。其主要原因可能就是这些研究并未考察收入不确定性以外的其他不确定性，正如李勇辉和温娇秀（2005）所指出的那样，消费者的支出不确定性也同样会使得居民进行预防性储蓄。另外，Thaler（1985）指出人们存在多重心理账户，这意味着人们并非对于各种形式的收入和各个方面的消费支出都一视同仁，其消费储蓄行为可能对于某些渠道的收入和某些方面的支出更加谨慎。因此，本章后文 6.3 节又建立了一个约简式的方程，将各种消费支出不确定性因素引入计量模型，来检验不同类型的消费支出不确定性因素对于中国居民预防性储蓄行为的影响。结果发现，收入、医疗支出、教育支出、住房支出等方面的不确定性是消费者面临的较为重要的几个不确定性因素，对消费者的预防性储蓄行为有显著的强化作用。

6.2 收入水平对居民预防性储蓄动机强度的影响

6.2.1 模型、数据与方法

消费者的预防性储蓄动机强度虽然是由消费者的效用函数特征决定的，但是这并不意味着它就是固定不变的。消费者的预防性储蓄动机强度在一定程度上会受到消费者自身收入水平的影响，其作用机制如下：一方面，消费者的偏好结构具有不稳定性，很容易随着收入水平等因素的变化而发生改变；另一方面，给定消费者的效用函数，消费者收入水平越高，未来不确定性冲击对于消费者的边际影响越小。

为了研究城乡居民预防性储蓄动机强度与居民收入水平的关系，我们主要是基于（4.21）式进行分析。将城乡居民按照收入水平分组，然后对比高收入水平和低收入水平两者的预防性储蓄动机强度。如果收入水平较高的地区的预防性储蓄动机强度更低，那么就说明收入水平是影响消费者预防性储蓄动机强度的重要因素。

本节所采用的数据与本书前文 4.3 节的数据一致。由于样本相对较小，我们在对样本按照收入水平分组的时候只分为了高收入和低收入两组，具体的划分方法如下：首先计算出整个样本的平均收入水平，然后计算出每个地区的平均收入水平，如果地区的平均收入水平高于整个样本的平均收入水平，那么我们就将其定义为高收入组，反之则定义为低收入组。作为稳健性检验，我们也按照消费支出水平进行了分组，其划分方法和按收入水平的划分方法完全一样。

然后，我们基于（4.21）式对城乡居民按照不同的组别采用固定效应—工具变量法分别进行回归。工具变量的选取也和本书前文4.3节一致，因此在此处不再对其进行相关描述和检验。

6.2.2 计量结果与分析

由表6.1可知，无论是农村居民还是城市居民，从绝对谨慎系数来看，低收入群体大约是高收入群体的10倍，低收入群体的预防性储蓄动机要显著地强于高收入群体的预防性储蓄动机。按照消费支出水平分组后的估计结果亦是如此。这说明消费者的预防性储蓄动机强度是与消费者的经济状况相联系的，收入水平越高则预防性储蓄动机越弱。这一结论符合人们的经济直觉。因此，我们从中也可以得出重要的政策含义：要提高居民的消费支出水平，可以通过提高居民的收入水平降低其预防性储蓄动机强度来实现。

表6.1　　　　　　　　　　不同收入水平居民的谨慎系数

	农村				城市			
	高收入	低收入	高消费	低消费	高收入	低收入	高消费	低消费
Uncertain	0.0016**	0.017**	0.0014*	0.012**	0.0015***	0.016**	0.0016***	0.014***
	(2.02)	(2.39)	(1.80)	(2.42)	(6.53)	(2.40)	(6.54)	(2.56)
Edu_year	51.05	−259.4	83.59	−201.2	−9.370	−1805.5	14.43	−1667.8
	(1.04)	(−0.31)	(1.61)	(−0.36)	(−0.06)	(−1.23)	(0.10)	(−1.35)
Fyb	−3.052	−35.36	−0.510	−28.61	−5.436	−127.7	−2.794	−119.3
	(−0.80)	(−0.45)	(−0.12)	(−0.55)	(−0.55)	(−1.30)	(−0.28)	(−1.43)
Sex_ratio	−16.87**	−24.62	−19.03**	−18.24	−10.41	−61.37	−14.75	−46.84
	(−2.35)	(−0.60)	(−2.42)	(−0.83)	(−0.60)	(−0.87)	(−0.88)	(−0.78)
N	121	165	99	187	66	220	77	209

注：括号内为t统计量；***、**、*分别代表在1%、5%和10%的显著性水平上统计显著。

6.3 投资收益风险对居民消费的影响

6.3.1 理论模型

即使利率与储蓄之间的关系含混不清，我们也并不能根据某一历史经验来否认利率对于居民储蓄行为的重要性，更不能否认利率风险对于居民储蓄行为的影响。学者一般认为，消费者的优化问题是在整个生命周期内将终生财富优化配置到各期进行消费。因此，利率影响居民储蓄，实质上主要是通过影响居民用于储蓄部分的收入的财富价值进而影响居民储蓄的。由此我们可以推断，利率对居民储蓄行为的影响大小在很大程度上要取决于居民的收入水平。当居民的收入刚好维持其基本的生存需求时，可用于储蓄的部分自然会很少，因而利率变动对于居民福利的影响微不足道。这也正是徐燕（1992）、张文中和田源（1990）在采用1987年以前的中国居民储蓄数据进行分析后认为利率对居民储蓄作用不显著的一个重要原因。但是，随着中国经济的腾飞，居民收入水平显著提高，维持基本生存需求的所需支出在居民收入中所占比例非常小，居民有可能将大部分收入用于储蓄以跨期配置资产，进而居民的财富水平会在很大程度上受到利率变动的影响。另外，以往居民储蓄对利率变化不太敏感也可能是因为资本市场尚不发达，很多财富或资产并未进入市场交易，例如，居民的房产等以前主要是用于自己居住，不能进行市场交易，所以居民对自有住房价格的变化并不关心。随着市场化改革的推进和资本市场的完善，这一制约条件也在逐渐弱化。综上所述，我们认为在当前条件下，中国居民，尤其是中国城市居民在进行消费和储蓄决策时是会充分考虑资本市场的收益情况的。特别是随着经济社会的发展，利率对储蓄的作用在逐步加强。所以，在研究居民储蓄动机，尤其是研究居民的预防性储蓄动机时，我们就需要充分考虑资本市场的收益风险对居民预防性储蓄行为的影响。

与前文的理论框架一样，本节也是在无限期模型中考虑某一代表性消费者的消费—储蓄选择。当存在投资收益不确定时，每一期的收益率

r_{t+1} 不再假定为某一确定的值，而是一个随机变量。为了后续计算方便，令 $R_{t+1} = 1 + r_{t+1}$ 为 t 期的资产收益率。综合上述信息，消费者最大化现值期望效用，其相对应的优化问题的欧拉方程为：

$$u'(c_t) = \beta E_t[R_{t+1}u'(c_{t+1})] \tag{6.1}$$

为了检验预防性储蓄动机，通常的做法是假设效用函数三阶导数为正，通过对欧拉方程（6.1）式进行二阶泰勒近似忽略高阶项后将不确定性引入模型。然而该方法只在消费路径较为平缓时适用，否则高阶项并不趋于无穷小。因此当风险较大时，模型可能存在遗漏变量等问题。为了克服这一缺陷，可以令效用函数为一特殊形式，并将其代入欧拉方程求解。这里我们还是采用文献中经常使用的 CARA 型效用函数（如 Caballero，1991；Wilson，1998），即：

$$u(c_t) = -e^{-\theta c_t}/\theta \tag{6.2}$$

其中 θ 为绝对风险规避系数。同时，根据 Kimball（1990）定义的绝对谨慎系数（$-u'''/u''$），θ 还是该消费者的绝对谨慎系数。将 CARA 型效用函数代入（6.1）式中，则欧拉方程变为：

$$1 = \beta E_t[e^{(\ln R_{t+1} - \theta \Delta c_{t+1})}] \tag{6.3}$$

其中 $\Delta c_{t+1} = c_{t+1} - c_t$。为了计算方便，进一步假设 $\ln R_{t+1}$ 和 $\theta \Delta c_{t+1}$ 服从联合正态分布，则有：

$$1 = \beta e^{E_t(\ln R_{t+1} - \theta \Delta c_{t+1}) + var(\ln R_{t+1} - \theta \Delta c_{t+1})/2} \tag{6.4}$$

对（6.4）式两边取对数，得到：

$$E_t(\Delta c_{t+1}) = [E_t(\ln R_{t+1}) + \ln\beta]/\theta + var(\ln R_{t+1} - \theta \Delta c_{t+1})/2\theta \tag{6.5}$$

又因为：

$$var(\ln R_{t+1} - \theta \Delta c_{t+1}) = var(\ln R_{t+1}) + var(\theta \Delta c_{t+1}) - 2cov(\ln R_{t+1}, \theta \Delta c_{t+1}) \tag{6.6}$$

以及

$$cov(\ln R_{t+1}, \Delta c_{t+1}) = \rho_{rc} \cdot \sqrt{var(\ln R_{t+1})} \sqrt{var(\Delta c_{t+1})} \tag{6.7}$$

联立（6.5）式 ~ （6.7）式可得：

$$E_t(\Delta c_{t+1}) = \frac{\ln\beta + E_t(\ln R_{t+1})}{\theta} + \frac{\text{var}(\ln R_{t+1})}{2\theta} + \frac{\theta\text{var}(\Delta c_{t+1})}{2}$$
$$- \rho_{rc}\sqrt{\text{var}(\ln R_{t+1})}\sqrt{\text{var}(\Delta c_{t+1})}$$
(6.8)

其中 $\text{var}(\Delta c_{t+1})$ 表示消费支出的不确定性，$\text{var}(\ln R_{t+1})$ 则表示投资收益的不确定性。

因为消费支出是资本投资收入、劳动收入和其他预期消费支出等所有因素的函数，因而消费支出的不确定性衡量的是消费者面临的总体风险。对于理性预期的代表性消费者而言，有 $\Delta c_t = E_t(\Delta c_t) + \xi_{ct}$，将其代入（6.8）式，合并误差项，可得到如下的计量方程：

$$\Delta c_t = \beta_0 + \beta_1 \text{var}(\ln R_t) + \beta_2 \text{var}(\Delta c_t) + \beta_3 \sqrt{\text{var}(\ln R_t)}\sqrt{\text{var}(\Delta c_t)} + \mu_t$$
(6.9)

其中，$\beta_1 = 1/(2\theta)$，$\beta_2 = \theta/2$，$\beta_3 \in [-1, 1]$。因此，在估计上述计量方程时，需进行受约束回归，且约束条件为 $\beta_1 = 1/(4\beta_2)$。

值得注意的是，（6.8）式中的资产收益率 R_t 是所有资产加总的平均收益率，遗憾的是，我们很难获得这样的观测数据。鉴于数据的可获得性，我们对资产收益率做如下简化假设：假定消费者的财富一部分用于投资，一部分用于储蓄。不失一般性，我们将每一期非投资性储蓄的收益率标准化为1，而假定 t 期投资的收益率为 $\widehat{R}_t$。因此，平均收益率就成为投资的收益率的一部分，即有：

$$\ln R_t = \ln\delta \widehat{R}_t, 0 < \delta \leq 1 \quad (6.10)$$

将（6.10）式代入（6.9）式，可得：

$$\Delta c_t = \beta_0 + \beta_1 \text{var}(\ln\delta\widehat{R}_t) + \beta_2 \text{var}(\Delta c_t)$$
$$+ \beta_3 \sqrt{\text{var}(\ln\delta\widehat{R}_t)\text{var}(\Delta c_t)} + \mu_t \quad (6.11)$$

显然，在给定财富水平下，投资收益率越高，则消费者会更倾向于将财富用于投资，因此我们有：

$$\text{var}(\ln\delta\widehat{R}_t) = \text{var}(\ln\delta) + \text{var}(\ln\widehat{R}_t) + 2\text{cov}(\ln\delta, \ln\widehat{R}_t) > \text{var}(\ln\widehat{R}_t)$$
(6.12)

令 $\text{var}(\ln\delta\widehat{R}_t) = k^2\text{var}(\ln\widehat{R}_t)$，其中 k 是 $\widehat{R}_t$ 的函数，且大于1。将其

代入（6.11）式，得到计量方程：

$$\Delta c_t = \alpha_0 + \alpha_1 \mathrm{var}(\ln\widehat{R}_t) + \alpha_2 \mathrm{var}(\Delta c_t) + \alpha_3 \sqrt{\mathrm{var}(\ln\widehat{R}_t)}\sqrt{\mathrm{var}(\Delta c_t)} + \mu_t \tag{6.13}$$

其中，$\alpha_1 = k^2\beta_1$，$\alpha_2 = \beta_2$，$\alpha_3 = k\beta_3$。与（6.9）式相比较，（6.13）式在形式上没有发生变化，但是所有待估计参数并未受到如（6.9）式中的约束。为了计量的方便，本书的实证分析基于（6.13）式展开。

6.3.2 数据说明与风险测算

本书在投资收益风险的背景下考察消费者的预防性储蓄行为。在我国特殊的城乡二元结构下，城乡居民的资产结构存在较大差异。总体而言，农村居民在资本市场的参与率较低，几乎不持有风险资产。根据甘犁等（2012）的中国家庭金融调查的研究报告（简称 CHFS）显示，我国农村仅有 1.89% 的家庭参与股票市场，且仅有 50.59% 的家庭拥有银行存款。相比较而言，城镇家庭在股票市场和银行存款市场的参与率分别达到 16.56% 和 72.40%，均显著高于农村家庭。相对于农村居民而言，城镇居民更加容易受到投资收益不确定性的冲击。因此，本书集中考察投资收益风险对城镇居民预防性储蓄动机的影响。本节没有对农村居民进行考察的另一个重要原因是我们无法获得农村居民月度消费支出数据，仅有年度的消费支出数据可供使用，然而年度数据的样本量太小，并不能进行有效的计量分析。

本书数据来自中经网统计数据库中 2003 年第一季度至 2012 年第三季度的时间序列数据。被解释变量为人均消费支出增长量 Δc_t，以 2003 年 1 月为基期计算得到。由于人均消费支出有较强的季节性趋势，因此对该变量进行季节性调整，然后再计算每一期的消费支出增长量。主要的解释变量包括总体不确定性 $\mathrm{var}(\Delta c_t)$ 和投资收益不确定性 $\mathrm{var}(\ln R_t)$。由于上述两项变量均含有不可观测的预期值，无法直接获得相关数据，因此需要寻找合适的代理变量。

考虑到人们对未来不确定性的预期可能存在的集群性，即在受到较大（较小）不确定性的冲击之后会预期未来的不确定性较大（较小），本书通过 ARCH 模型来获得投资收益和消费支出每一期的条件方差作为其不确定性 var(lnR_t) 和 var(Δc_t) 的代理变量，并计算出投资收益标准差与消费支出标准差的交互项作为解释变量。

在进行 ARCH 分析前，本书需要对投资收益率的选择做一点说明。由于投资渠道和形式并不唯一，因此本书选取了风险相对较大的股票投资收益率和风险相对较小的市场利率这两组指标分别作为其代理变量。[①] 根据 CHFS 的调查报告，这两类投资是我国家庭参与率最高的两种金融市场参与方式。股票投资收益率根据上证综合指数计算得到，具体计算方法为期末指数与期初指数的对数值。考虑到指数在每日都具有波动性，期初和期末的指数均采用当日开盘价和收盘价的均值。市场利率则采用银行间 61～90 天同业拆借的加权平均利率。这是因为我国的银行利率并没有完全市场化，直接采用银行储蓄利率可能无法正确反映市场利率。相比较而言，银行间同业拆借市场为我们提供了一个类似于市场化利率的指标。上述投资收益水平均为名义投资收益率，在进行数据分析时，我们所采用的是剔除各期物价水平因素以后的实际投资收益率。

由于本书使用了时间序列数据，需要对数据进行平稳性检验。由于消费支出增长 Δc_t、股市收益率的对数 $lnRB_t$ 和利率的对数 $lnRS_t$ 都是围绕某一均值上下波动，我们采用含截距项但无趋势项的检验形式。根据施瓦茨信息准则（SIC），ADF 检验的最优滞后阶数选取为 0，即仅考虑存在一阶自相关。如表 6.2 所示，对于所有变量，ADF 检验和 Phillips-Perron 检验均在 5% 的显著性水平上拒绝"存在单位根"的原假设，表明人均消费增长和投资收益率都是平稳的时间序列。

表 6.2　　　　　　　　　　单位根检验

	Δc_t	$lnRB_t$	$lnRS_t$
Augmented Dickey-Fuller test	-11.15836***	-3.132803**	-4.618555***
Phillips-Perron test	-11.42285***	-3.132803**	-4.625521***

注：$lnRB_t$ 和 $lnRS_t$ 分别根据股市收益率和银行同业拆借利率计算得到。***、**、* 分别表示在 1%、5% 和 10% 的统计水平上显著。

[①] 另一个有趣的指标是住房价格。但是通常住房还承担了消费功能，只有二套房或多套房才可能具有完全的投资属性。本书采用的时间序列数据无法对二套房进行有效区分，因此本书不采用房价作为投资收益的指标。另据 CHFS 结果，81% 的城镇家庭户均拥有住房数量不超过 1 套。可见，住房价格可能并不是一个很好的指标。

参照 Yi 和 Choi（2006）的做法，我们对 $\ln R_t$ 和 Δc_t 建立如下的 ARCH 模型：

$$y_t = \phi_0 + \varepsilon_t \tag{6.14}$$

$$\varepsilon_t = \sqrt{h_t} \cdot v_t \tag{6.15}$$

$$h_t = \alpha_0 + \alpha_1 \cdot \varepsilon_{t-1}^2 \tag{6.16}$$

其中 $y_t = (\Delta c_t, \ln RB_t, \ln RS_t)$。假设 v_t 独立同分布，且 $E(v_t) = 0$，$D(v_t) = 1$；$\alpha_0 > 0$ 且 $0 < \alpha_1 < 1$。针对残差建立 ARCH（1）模型后，采用极大似然法进行估计。

主体模型和残差序列 ARCH 模型的参数估计结果报告在表 6.3 中。Δc_t 和 $\ln RS_t$ 的 ARCH（1）系数 α_1 分别为 0.4555 和 0.3516，且较为显著，表明模型确实存在 ARCH 效应。而 $\ln RB_t$ 的 ARCH（1）系数为 0.2495，仅在 15% 的显著性水平上显著。但是我们认为尽管该系数不是特别显著，这可能表明 ARCH 效应较弱。模型对该变量仍有可能存在 ARCH 效应。同时，即使当 ARCH 效应完全不存在时，模型将退化为"同方差假定"。相对于"同方差假定"，ARCH 模型是一个更一般化的设定。综上所述，本书采用 ARCH 模型是合理的。ARCH 拉格朗日乘数（LM）检验表明模型不存在额外的 ARCH 效应，因此方差模型设定较好。

表 6.3　　　　　ARCH（1）模型参数估计结果

		Δc_t	$\ln RB_t$	$\ln RS_t$
Mean equation	ϕ_0	42.9937 *** (4.770780)	0.0329 *** (20.74411)	−0.0027 (−0.347859)
Variance equation	α_0	3508.158 * (1.869813)	0.0001 *** (3.720704)	0.0029 ** (2.421400)
	α_1	0.4555 ** (1.960298)	0.2495 (1.464709)	0.3516 * (1.810788)
ARCH　LM（5）		2.9527 [0.7073]	1.1824 [0.9466]	3.1451 [0.6776]
ARCH　LM（10）		4.1113 [0.9422]	7.8611 [0.6424]	4.3671 [0.9293]

注：参数估计值下方的括号内为 Z 统计量；方括号内是统计量所对应的 P 值。***、**、* 分别代表在 1%、5% 和 10% 的显著性水平上统计显著。

第6章 影响中国居民预防性储蓄的主要因素

由（6.14）式~（6.16）式可知，对于任意时刻 t 有：

$$E_t(\varepsilon_t^2 | \varepsilon_{t-1}^2, \cdots) = h_t \quad (6.17)$$

因此可以用 h_t 作为 var（y_t）的代理变量。至此，我们获得了本书实证分析所需要的全部数据，主要变量的描述性统计如表6.4 所示。从表6.4 可知，股票市场收益的风险大约为利率市场收益风险的30 倍。

表6.4　　　　　　　　　主要变量描述性统计

变量	均值	中位数	最大值	最小值	标准差
Δc_t	43.0576	36.96019	266.7886	-196.111	81.7246
var（Δc_t）	10315.54	4011.139	150141.7	3509.75	24014.25
var（$\ln RB_t$）	0.000148	0.000129	0.000265	0.000111	0.000042
var（$\ln RS_t$）	0.004525	0.003392	0.014709	0.002941	0.002392

6.3.3　计量结果及分析

表6.5 汇报了利用（6.13）式对上述两个投资收益率指标分别进行最小二乘回归（OLS）的结果。OLS 回归表明两类投资收益风险的系数均为正，且分别在5% 和10% 的显著性水平上显著，这意味着投资收益风险确实会导致城镇居民的预防性储蓄。但是，居民消费支出风险的系数虽然为正，却并不显著，这可能是由模型存在自相关问题引起的。本书采用的是时间序列数据，经济变量前后各期之间必然存在内在的联系，进而使得随机误差项不能满足无自相关假定。因此，我们利用 Durbin 和 Watson（1951）提出的 DW 检验来检测模型是否存在自相关性。根据 DW 统计表可知，对于样本量为 38、解释变量个数为 3 的模型，在5% 的显著性水平上有 $d_L = 1.318$ 和 $d_U = 1.656$。而上述两类回归的 DW 值分别为 3.160 和 3.177，即有 $DW > 4 - d_L$。这表明残差项可能存在负的自相关性。

表 6.5　　　　　　　　　最小二乘估计结果

	股市收益风险	市场利率风险
constant	22.54 (0.60)	-6.425 (-0.11)
var(lnR_t)	18072.3** (2.40)	690173.4* (1.88)
var(Δc_t)	0.00171 (1.07)	0.00155 (0.83)
$\sqrt{var(\Delta c_t)}\sqrt{var(lnR_t)}$	-14.49 (-1.24)	-68.53 (-0.94)
DW 值	3.160	3.177

注：括号内为 t 统计量；**、*分别代表在5%和10%的显著性水平上统计显著。

为了进一步确定模型残差项的自相关阶数，我们首先从股市收益率回归和银行利率回归中分别得到残差序列 $resid_1$ 和 $resid_2$，然后使用该残差序列分别进行不同滞后期的自回归，其结果如表 6.6 所示。残差项的一阶自回归和二阶自回归结果均表明残差项确实存在负的自相关关系，且滞后一期的残差项的系数在1%的显著性水平上显著，但是滞后两期的残差项系数均不显著。

表 6.6　　　　　　　　残差项的自回归模型

	$resid_1$	$resid_1$	$resid_2$	$resid_2$
AR(1)	-0.583953*** (-4.1108)	-0.61588*** (-3.6046)	-0.612388*** (-7.2075)	-0.68589*** (-4.0143)
AR(2)		-0.05398 (-0.3132)		-0.12083 (-0.7040)

注：括号内为 t 统计量；***代表在1%的显著性水平上统计显著。

为解决上述一阶自相关问题，我们对（6.13）式进行可行广义最小二乘法（FGLS）估计。回归结果如表 6.7 所示。对于 FGLS，一般常用的估计方法有两种，即 Cochrane-Orcutt 估计法和 Prais-Winsten 估计法。本书同时报告了这两种估计方法的估计结果，从表 6.7 可知上述两种估计方法分别对两类投资收益率进行回归的 DW 检验均满足条件 $DW \in (du, 4-du) = (1.656, 2.344)$，因此，我们认为 FGLS 较好地解决了模型的自相关性。最后，相对于 OLS、FGLS 回归下的参数估计值基本保持不变，但其显著性水平得到了提高。

表6.7 参数估计结果

	Cochrane—Orcutt 估计法		Prais-Winsten 估计法	
	股市收益风险	市场利率风险	股市收益风险	市场利率风险
constant	36.27 * (1.81)	3.860 (0.11)	36.23 * (1.81)	4.062 (0.12)
var（$\ln R_t$）	14652.8 *** (2.83)	613973.0 ** (2.66)	14454.1 *** (2.81)	607001.4 ** (2.67)
var（Δc_t）	0.00183 ** (2.66)	0.00170 ** (2.69)	0.00170 ** (2.60)	0.00159 ** (2.56)
$\sqrt{var(\Delta c_t)}\sqrt{var(\ln R_t)}$	-14.27 ** (-2.64)	-68.13 ** (-2.50)	-13.90 ** (-2.57)	-66.39 ** (-2.40)
DW 值	2.1020	2.1396	2.1118	2.1468

注：括号内为 t 统计量；***、**、* 分别代表在1%、5%和10%的显著性水平上统计显著。

根据（6.9）式和（6.13）式可知，回归结果中非资本收入风险的系数恰好为 Kimball（1990）所定义的消费者的绝对谨慎系数的一半。不同的 FLGS 估计结果均表明：无论使用何种类型的投资收益不确定性，城镇居民的绝对谨慎系数大致相同，其均值大约在 0.0035，且均在 5% 的水平上显著为正。同时，利用数据时段内城镇居民平均消费支出数据，[①] 很容易得到城镇居民的相对谨慎系数（$-cu'''/u''$）为 8.12。这一结果意味着在控制了投资收益不确定性后，对消费者的绝对谨慎系数的估计将变得更加稳健。

本书的主要目的是考察投资收益不确定性对消费者预防性储蓄动机的影响。从表6.7可知，两种不同 FGLS 估计方法下两类不同投资收益风险的系数均为正，且分别在 1% 和 5% 的显著性水平上显著。因此，在本章数据时段内，任一投资收益风险的提高都将加大城镇居民的预防性储蓄动机，从而可能导致居民储蓄的增加。同时，对比股市收益风险

---

① 以 2003 年 1 月为基期，2003 年第 1 季度至 2012 年第 3 季度中国城镇居民平均消费支出为 2319 元。

和利率市场风险的回归结果可知，消费者对利率市场的不确定性反应更为激烈。具体而言，同样强度的收益率风险增加，所引起的消费者的人均增长支出量的变化在利率市场下大约为股票市场的 40 倍。相较于股市，利率市场的不确定性对消费者的预防性储蓄动机有着更强的促进作用。

最后，我们尝试为上述实证结果提供几点可能的原因来结束本节。

（1）城镇居民对投资收益风险较为敏感的原因可能有以下两点：第一，居民的投资渠道较为单一，根据 CHFS，绝大多数城镇家庭的资产投资仅限于无风险资产和股票投资。[①] 因此，股票市场和利率市场的收益波动将极大影响居民的资产性收入，从而加大未来收入的不确定性，并导致其预防性储蓄动机增强。第二，城镇居民总体抗风险能力较弱。尽管城镇居民近年来的平均收入不断上升，但其收入分配却较为不均。同样根据 CHFS，2010 年城镇居民的人均收入为 71788 元，而中位数仅为 29813 元，其中收入最高的 10% 的家庭的年平均收入约为城镇家庭平均收入的 6 倍。这意味着少数人占有了绝大部分社会财富，而大部分城镇居民却达不到平均收入水平。由于大部分城镇居民收入水平偏低，其抵抗风险的能力较弱，因而当投资收益面临不确定性时会显著地促进其预防性储蓄动机。

（2）风险较小市场的投资收益风险对居民预防性储蓄动机有着更大影响的原因则可能由以下两点构成。第一，城镇居民首要的投资方式是持有低风险资产，而不是股市投资。CHFS 报告显示，城镇家庭持有的银行存款等低风险资产均值占比约为 85.33%，而持有的股票等风险较大的资产占比仅为 14.67%。因此，低风险市场收益的波动对居民的资产性收入有着更大的影响。第二，参与股市投资居民的家庭收入一般比仅参与银行存款投资的家庭要高，由此他们对风险的容忍度也相应较高。因此，股市收益的波动对这部分家庭消费的影响可能并不十分显著。

[①] 无风险资产通常包括但不限于活期存款、定期存款、国库券、地方政府债券、国债逆回购、现金等。

6.4 支出风险与收入风险对居民消费的影响

6.4.1 模型构建

在上一节分析了投资收益不确定性对居民预防性储蓄行为的影响之后,本节将进一步分析其他不确定性对于消费者预防性储蓄行为的影响。根据本书前文4.3节的模型推导,我们可知,在不分解不确定性因素的情况下可以得到结构方程:

$$\Delta c_{it} = \beta_0 + \beta_1 \mathrm{var}(c_{it}) + \zeta_{it} \tag{6.18}$$

其中$\mathrm{var}(c_{it})$是各种不确定性最终在消费支出上的集中表现,因此可将其表述成其他各种不确定性因素的函数形式。为了简化,我们将总体不确定性$\mathrm{var}(c_{it})$表示为其他不确定性的线性形式,即:

$$\mathrm{var}(c_{it}) = Z\gamma + \xi_{it} \tag{6.19}$$

其中,Z_{it}就是各种不确定性变量的行向量。

基于(6.19)式,我们便可以检验某一特定的消费支出不确定性或者收入不确定性是否是消费者所关心的主要不确定性因素。如果解释变量中某一不确定性因素的系数显著为正,这说明这一不确定性是引起居民预期不确定性的重要因素。

如果联立(6.18)式和(6.19)式,我们还可以得到:

$$\Delta c_{it} = Z\delta + \varepsilon_{it} \tag{6.20}$$

基于(6.20)式,则可以检验某一特定的消费支出不确定性或者收入不确定性是否是导致消费者预防性储蓄行为的主要不确定性因素,与(6.19)式的含义是内在一致的,因此结论可相互对照。

6.4.2 变量选取和数据说明

投资收益不确定性只是消费者面临的种种不确定性因素中的一种,除此之外,消费者至少还面临着以下几方面的不确定性冲击:(1)收入风险。消费者是根据其终身收入的财富约束来安排各期消费支出的，因此如果消费者未预期到未来收入减少，那么就可能会当期消费过多，如果未预期到未来收入增加，那么就可能当期消费过少。因此收入风险是影响消费者储蓄行为的重要因素。（2）消费支出风险。消费者进行消费首先是为了维持生存，其次才是考虑更高层次的享受，所以在分析消费者消费行为时要区分这两种不同性质的消费支出，要意识到消费者的消费储蓄决策还要受到基本的生存约束。因此，消费者必然要面临着各种各样的消费支出风险。（3）寿命预期风险。寿命长度的不确定性是人们面临的最重要的不确定性之一。因为消费者每一时期都必须消费，而且是至少要满足基本的生存需求消费，所以消费者为了避免在晚期出现满足不了基本生存需求的状况，在早期的储蓄决策中也会表现得更加谨慎。

由于寿命预期风险难以测量，而且基本上是外生于其他不确定性因素的，所以在本节并未对其进行分析。同时，在上一小节中，我们将投资收益风险从总风险中分离出来，经验结果认为居民对于投资收益不确定性确实存在预防性储蓄动机。但是由于投资收益不确定性对于消费者的储蓄行为存在正负相反的两个方向的作用机制，因此从总体效果来看，投资收益不确定性对于消费者最终储蓄行为的影响并不明显。[①] 因此，在本小节的分析过程中也不暂涉及投资收益的不确定性，仅仅考虑收入不确定性和医疗支出不确定性、教育支出不确定性和住房支出不确定性等因素对于消费者预防性储蓄行为的影响。

中经统计网数据库的年度宏观数据中不存在关于农村居民在各个消费项目上年度消费支出的相关统计数据，所以本节的数据也仅仅是来源于除北京、天津、上海、重庆、西藏和港澳台以外 26 个省及自治区 2000~2010 年城市居民消费数据。每一时期各项消费支出不确定性的计算方法如下：每一时期消费支出的增加量（记为 Dconsum）减去样本时期内各期消费支出增长量的均值之差再取平方。收入不确定性（记为 Uncertain_income）的计算方法与之类似。其中消费支出不确定性主要分为以下几类：医疗保健消费性支出不确定性（记为 Uncertain_

[①] 由表 6.7 的估计结果可知，并不能显著地拒绝原假设 $H_0: \alpha_1 + \alpha_3 \cdot \sqrt{\mathrm{var}(\Delta c_t)/\mathrm{var}(\ln R_t)}/2 = 0$。

health)、教育文化娱乐服务消费性支出不确定性（记为 Uncertain_edu)、居住消费性支出不确定性（记为 Uncertain_house)、衣着、食品、交通和通信消费性支出不确定性（记为 Uncertain_cloth)、其他消费支出（包括家庭设备用品及服务消费性支出、杂项商品和服务消费性支出）不确定性（记为 Uncertain_other)。总消费支出不确定性（记为 Uncertain_consum)。主要变量的描述性统计如表 6.8 所示。

表 6.8　　　　　　　　　主要变量描述性统计

变量	样本数	均值	标准差	最小值	最大值
Dconsum	286	497.7663	282.0407	-163.439	1522.352
Uncertain_consum	286	327040.1	356629.6	20.04047	2317557
Uncertain_income	286	708104.2	637903.5	3500.724	4088647
Uncertain_health	286	3797.967	5048.658	0.143869	39366.54
Uncertain_edu	286	10071.1	18250.7	0.262927	191911.4
Uncertain_house	286	7800.455	10958.28	0.405491	70219.5
Uncertain_cloth	286	139290.2	173703.8	114.7085	1320583
Uncertain_other	286	9532.398	23862.9	0.481543	347209.8

6.4.3　计量结果及分析

（1）模型选择。

对于面板数据，我们可用的估计方法有三种：混合模型、固定效应模型和随机效应模型。每种估计方法所适用的情形有所不同，当不存在个体效应时可以采用混合模型，当存在个体效应时则需要根据不可观测的异质性与解释变量的相互关系来决定是采用固定效应还是随机效应。但是由于个体效应的不可观测性，我们并不太容易直接判断出采用哪一个模型所估计的结果最有效率。为此，我们需要从统计上对固定效应和随机效应进行检验以确定合适的模型。

模型选择的详细检验结果如表 6.9 所示。我们通过 F 检验来判断模型中是否存在个体效应。检验结果显示 F 统计量的相伴概率均小于 5%，显著地拒绝原假设"模型为混合模型"。因此，对（6.19）式和（6.20）式进行回归时应该考虑个体效应的影响。对于个体效应随机性的检验我们采用 hausman 检验。检验结果显示 chi 方统计量的相伴概率均小于 10%，拒绝"模型为个体随机效应"的原假设。综上信息，（6.19）式和（6.20）式均应该采用个体固定效应模型进行估计。作为对比参照，本书中也汇报了混合模型和个体随机效应的估计结果。

表 6.9　　　　　　　　　　回归模型的选择

	（6.19）式	（6.20）式
混合模型 VS 个体效应（原假设：混合模型）	0.0433	0.0119
固定效应 VS 随机效应（原假设：随机效应）	0.0135	0.0603
结论	个体固定效应	个体固定效应

注：表中报告的是各项检验的统计量的相伴概率。

（2）估计结果。

首先，本部分根据（6.19）式进行计量分析，将总消费支出的不确定性对收入不确定性和各项消费支出不确定性进行回归。如表 6.10 的第 2~4 列所示。根据计量结果可知，收入不确定性、医疗保健消费性支出不确定性、居住消费性支出不确定性以及衣着、食品、交通和通信消费性支出不确定性的系数基本上都在 1% 的显著性水平上显著为正，说明这些不确定性因素是消费者所面临的总体不确定性的重要来源。教育文化娱乐服务消费性支出不确定性虽然也是消费者所面临的不确定性来源之一，但是在本书的回归结果中并不显著。按照在消费者总体不确定性中的重要性来排序，消费者所面临的最为主要的不确定性因素依次分别是"医疗保健消费性支出不确定性""居住消费性支出不确定性""衣着、食品、交通和通信消费性支出不确定性""教育文化娱乐服务消费性支出不确定性"和"收入不确定性"。

表 6.10　　　　　　　　　　消费支出风险分解

被解释变量	Uncertain_consum			Dconsum		
估计方法	OLS	FE	RE	OLS	FE	RE
Uncertain_income	0.131*** (6.87)	0.149*** (6.85)	0.132*** (6.89)	0.000123*** (6.49)	0.000133*** (6.30)	0.000125*** (6.48)
Uncertain_health	5.585*** (3.12)	4.524** (2.42)	5.466*** (3.06)	0.00609*** (3.43)	0.00492*** (2.70)	0.00575*** (3.26)

续表

被解释变量 估计方法	Uncertain_consum			Dconsum		
	OLS	FE	RE	OLS	FE	RE
Uncertain_edu	0.440 (0.78)	0.613 (1.05)	0.458 (0.81)	0.000383 (0.68)	0.000600 (1.06)	0.000443 (0.80)
Uncertain_house	4.484*** (5.39)	4.826*** (5.71)	4.524*** (5.46)	0.00395*** (4.78)	0.00440*** (5.36)	0.00409*** (5.02)
Uncertain_cloth	1.459*** (20.18)	1.439*** (19.15)	1.457*** (20.16)	0.000970*** (13.50)	0.000986*** (13.49)	0.000975*** (13.68)
Uncertain_other	-1.002** (-2.33)	-0.795* (-1.78)	-0.981** (-2.28)	-0.000638 (-1.49)	-0.000374 (-0.86)	-0.000565 (-1.33)

注：括号内为 t 统计量；***、**、* 分别代表在1%、5%和10%的显著性水平上统计显著。

其次，本部分基于（6.20）式进行计量分析，将消费者预期消费增长对各项预期不确定性进行回归，以检验各项不确定性对消费者预防性储蓄行为的影响，结果如表6.10的第5~7列所示。与基于（6.19）式的计量分析结果一致，收入不确定性、医疗保健消费性支出不确定性、居住消费性支出不确定性以及衣着、食品、交通和通信消费性支出不确定性的系数均在5%的显著性水平上显著为正，这与预防性储蓄理论的内在逻辑一致，说明这些不确定性因素确实会导致居民的预防性储蓄行为。从系数大小来看，居民对于医疗保健消费性支出不确定性最为敏感，其次是居住消费性支出不确定性，然后是衣着、食品、交通和通信消费性支出不确定性、教育文化娱乐服务消费性支出不确定性和收入不确定性。

从计量结果来看，城市居民对于收入、医疗保健和居住消费的不确定性较为敏感和谨慎，这是我们所能理解的，而且与现有文献的研究结论基本一致，故在此我们不进行详细阐述。衣食、交通和通信的消费性支出虽然在城市居民总消费支出中大约占到59.56%，但是城市居民针对衣食、交通和通信支出的不确定性并不是表现得非常谨慎，这主要是由于衣食、交通和通信消费主要是满足人们的基本生存需求，处于较低的需求层次，凭借可预期的收入水平是可以充分保障的。因此，人们并不是太担心未来衣食、交通和通信支出不确定性的冲击。教育文化娱乐服务消费性支出不确定性对于消费者预防性储蓄行为的影响不显著，这可能与我们的直觉不相符。本书认为，这一问题是由于在省级宏观数据中并未将家庭按照教育文化娱乐服务消费性支出水平进行分类讨论导致的。在城市家庭中，由于每个家庭成员的受教育水平、家庭成员的年龄结构以及家庭成员的职业差异会使得每个家庭对教育文化娱乐服务消费的需求不同，并不是所有家庭都会对教育文化娱乐服务消费性支出不确定性进行预防性储蓄，所以我们采用省级宏观数据进行分析时，可能会低估其对人们预防性储蓄行为影响的显著性。从省级宏观数据来看，教育文化娱乐服务消费性支出在居民的消费支出中占据着重要的地位，大约占到城市居民消费支出的12.70%。[①] 因此，不可忽视教育文化娱乐服务消费性支出不确定性对于居民预防性储蓄行为的影响。

6.5 小　　结

正如 Starr-McCluer（1996）所指出的那样，现有预防性储蓄文献都过多地强调收入不确定性对于消费者储蓄行为的影响，实际上收入水平本身和其他类型的不确定性也是非常重要的。本章的经验分析表明：（1）收入水平的高低直接影响到消费者的预防性储蓄动机强度。（2）投资收益不确定性、医疗保健支出不确定性和居住消费支出不确定性等对消费者的预防性储蓄行为是影响显著的，消费者会针对这些不确定性不断地进行预防性储蓄以应对未来可能发生的风险。而且，计量结果表明消费者对于各种不确定性所表现出的谨慎程度是有差异的，消费者最为关心的是医疗保健支出和居住支出等。这使得我们更加容易理解为什么很多旨在降低居民预防性储蓄的政策措施收效甚微，其原因就在于没有厘清居民消费决策最为关注的经济变量是什么。因此，我们在制定政策时尤其要区分引起消费者预防性储蓄的不确定性因素是什么，谨防所提措施并未对症下药。由于数据可获得性的限制，本章关于投资收益风险和其他类型风险分解的分析仅仅局限于城市居民，但是我们认

---

① 以 1999 年为基期，2000~2010 年间 26 省城市居民教育文化娱乐服务消费性支出占总消费支出的均值为 12.70%，最小值为 7.83%，最大值为 16.95%。

为本章的相关结论对于农村居民也是基本适用的。本章研究的价值就在于为我国的政策制定提供了指导。在接下来的一章中，我们将根据本章的研究结论和相关发现提出相关的政策建议。

第7章 降低中国居民预防性储蓄的主要措施

高储蓄问题制约了中国经济发展，学者们一直在探寻居民的储蓄动机并试图寻找对策降低储蓄。基于前文的结论"预防性储蓄是导致城乡居民财富积累的重要原因之一"，本章试图从降低预防性储蓄的角度探寻降低居民储蓄率的相关措施。

根据预防性储蓄理论，消费者的预防性储蓄行为是由两个必要条件同时决定的产物，即经济社会客观存在的系统风险和消费者主观具有的谨慎态度，风险因素和谨慎动机两者缺一则均不存在预防性储蓄行为。这似乎意味要消除消费者预防性储蓄最直接的办法就是消除消费者的预防性储蓄动机。但这里需要说明的是，消费者存在谨慎态度并不是不合理的表现，消费者的预防性储蓄动机强度是由消费者的偏好结构决定的，因此我们不应该是强制性的改变，而且任何企图强制性地改变消费者的谨慎态度的做法都是徒劳的。与消费者的预防性储蓄动机一样，消费者所面临的不确定性因素也是不可能完全消除的，正如前文所言，只要消费者的经济行为和经济结果之间存在时间上的差异就存在着不确定性。我们所能做的只能是通过经济的手段间接地改变消费者的预防性储蓄动机强度，或者通过各种措施来不断降低消费者所面临的一些不确定性因素。

在本章，我们正是基于降低消费风险和提高应对风险能力两个维度提出相关的政策建议以期能够将不确定性对城市居民和农村居民福利水平造成的损失降到最低，从而有效地刺激城市居民和农村居民的消费需求。引起消费者预防性储蓄的因素很多，我们很难在本书中一一穷尽、面面俱到，本章主要是针对前述章节的研究发现提出相应的对策建议。因为在我国城乡二元经济结构下，引起城市居民和农村居民进行预防性储蓄的原因和动机是存在差异的,所以在政策建议部分,我们也将分别针对农村居民和城市居民提出相应的政策建议。本章后续结构如下:7.1 节介绍我们降低城市居民和农村居民必要预防性储蓄的主要切入点;7.2 节针对城市居民提出了相关政策建议;7.3 节则针对农村居民提出了相关政策建议。

7.1 降低预防性储蓄的主要途径

在上一章节中我们已经较为详细和深入地探讨了引起城市居民和农村居民预防性储蓄的主要不确定性因素,这为我们有针对性地提出政策建议提供了指导。但是,考虑到每种不确定性因素背后的成因非常复杂,而且可能几种不同的不确定性因素之间还存在着相同的成因,如果我们是对每一种不确定性因素分别一一地提出相应的政策建议或者补救措施,那么可能会使得一些政策建议前后重复。于是,我们在思考对策和提出建议时,既兼顾按照不确定性因素分别提出政策建议的思路,也兼顾对政策建议进行综合归类的思路。本书最终认为中国城市居民和农村居民的预防性储蓄问题可以从四个方面入手解决。

7.1.1 居民收入结构

消费者的收入对于消费者的预防性储蓄行为存在两个重要的作用机制:(1)消费者的收入水平影响消费者的谨慎程度。虽然消费者的谨慎态度是由消费者自身的偏好结构所外生决定的,但是消费者的谨慎态度是随着自身收入水平和财富状况的改变而内生地发生变化的。根据边际效用递减规律可知,当消费者收入较高时,消费水平在边际上的变化对消费者效用水平的影响是较小的,故消费者收入水平较高时的预防性储蓄动机将会较弱。所以,我们的正确做法应该是提高居民收入在国民财富分配中的比重,通过改变消费者的个人收入状况、增强自身的抗风险能力来使得消费者的预防性储蓄动机强度下降。(2)收入不确定性影响消费者的预防性储蓄。收入不确定性是消费者面临的最重要的不确定性因素之一,我们首先要通过调节消费者的收入结构,从收入方面降低消费者的不确定性。具体的办法归结为：广开源路分散风险、适当减少风险收入。所谓广开源路分散风险，就是为了减小消费者的收入风险，我们可以根据分散投资的原理，使消费者的收入来源多样化，这样就避免了消费者因为将全部收入来源孤注一掷而面临较大的不确定性。适当减少风险收入就是要不断增加低风险收入在消费者收入构成中的比重，减少高风险收入在消费者收入构成中的比重。综合以上两点，我们可以从两个方面来调节消费者的收入结构以降低其预防性储蓄：一方面是要调节整个国民财富在经济主体之间的分配，提高消费者的整体收入水平；另一方面是指要调节居民收入来源的内部构成，降低消费者的收入风险。

7.1.2 金融市场收益

消费者的另一个不确定性来源是金融市场。一方面，金融市场不完善，会使消费者在跨期配置资源的过程中面临着流动性约束的问题，并不能像我们在模型中假定的那样可以以给定利率自由借贷。Flemming（1973）、Tobin 和 Dolde（1971）等研究认为，流动性约束对消费者的储蓄行为有着重要的影响作用。当消费者预期到未来可能存在流动性约束时，消费者就会提前为之进行预防性储蓄。从我国现实情况来看，流动性约束是消费者普遍面临的一个问题，或许是因为贷款不容易被批准，或许是因为贷款申请过程太过烦琐。另一方面，金融体制的不健全为投机者提供了活动空间，日渐猖獗的投机活动对资本市场的稳定发展具有严重的破坏性，使得消费者的投资收益风险变大。另外，即使没有投机者的扰动，在投资市场上消费者也面临着一些其他收益风险，比如通货膨胀水平超过名义利率水平而使得投资收益率为负。因此，要降低消费者面临的不确定性，我国需要加快金融市场的发展，让金融市场更好地成为消费者的融资场所。

7.1.3 居民财产安全

居民除了面临财富收益的不确定性外，还可能面临财富灭失的风险。相对于收益不确定性，财富灭失的风险对于消费者消费行为的影响更为深远和严重。导致财富灭失的原因是多方面的，比如通货膨胀、战争、自然灾害或法律风险等因素都可能引起居民财富的灭失。其中，战争对于居民的影响相对较大，居民对于未来战争的主观感知却可能相对较小。和平与发展依然是当今时代的主题，尽管局部地区和国家常年存在小规模的战争，但大规模战争对于每个国家来说成本都是很高的，可能是毁灭性的结局，所以大规模的战争风险并不存在。因此，导致中国居民财产灭失的风险因素主要指的是通货膨胀、自然灾害和法律风险等，而且这些不确定性因素是确确实实存在的。除了如前所述"通货膨胀水平超过名义利率水平而使得投资收益率为负"外，通货膨胀还会使得原有的财富在形式不变的条件下产生实质上的灭失。自然灾害则主要是对消费者物质形态的财富产生直接的影响。法律因素则主要是指消费者的私人财产可能因为法律法规的缺失而得不到有效的保障。

7.1.4 社会保障体系

随着经济社会的发展，消费者为了维持生存和实现劳动力再生产，消费者的消费日益多元化，消费者的优化决策问题应该是在给定的生命周期和总财富约束条件下合理分配每一个时期的各项消费支出。因此，消费者效用函数是关于各项消费支出的一个联合函数，而不仅仅是总消费支出的函数。如果某一方面的消费支出费用存在较大的不确定性，其他方面的消费支出必然会受到抑制，进而使得消费者的消费行为更加谨慎。在市场化过程中，越来越多的产品纳入市场，因此消费者面临着较多的消费支出风险，如教育支出、住房支出、医疗支出等。特别是当某项必要的消费支出占据居民收入中较大比重时，该项支出的未来消费支出风险也将会使得消费者的消费和储蓄行为更加谨慎，另外就是一些意外支出风险也会使得消费者储蓄行为更谨慎。

首先，社会保障有降低不确定性的作用。与受到良好社会保障的消费者相比，那些没有获得社会保障的消费者在受到不确定性因素的冲击时完全是靠自己承担，他们所面临的不确定性相对要更大一些。其次，社会保障对自我保障具有替代作用。消费者针对未来的不确定性进行预防性储蓄是一种自我保险行为，社会保障则是由政府和社会为受到不确定性冲击的消费者提供的一种外部保障，两者具有很强的替代关系。因此可以预测，即使在给定这些没有被纳入社会保障项目的消费者具有和参与社会保障的消费者相同的预防性储蓄动机强度的条件下，没有参与社会保障项目的消费者会进行更多的预防性储蓄。从世界其他国家的经验数据来看，我们也很容易发现，居民消费倾向较高的国家和地区往往都是社会保障制度完善、保障力度较大的国家和地区。从关于中国的经验研究来看，也是如此。李宏（2010）利用1978～2008年中国居民的储蓄数据和社会保障支出数据进行了计量分析，结果发现，滞后的社会保障支出对中国居民的储蓄水平确实存在反向的作用机制，滞后1期和滞后2期的社会保障支出水平每提高1%，居民当期的储蓄水平就会下降约0.11%，这意味着，中国居民高储蓄低消费的现象在一定程度上可能正是因为"居民消费由于社会保障制度的缺失而被抑制了"造成的。所以我们可以根据分散风险的原理，通过健全社会保障来降低消费者所面临的不确定性。

7.2 降低城市居民预防性储蓄的建议

7.2.1 优化收入结构，控制收入风险

随着经济的增长，城市居民收入水平在量上逐步提高，但是在收入的质上存在两个方面的问题：第一，经济主体之间的收入分配问题。城市内部收入分配不合理，存在较大的贫富差距。首先体现在部门之间的收入差异上，一些国有企业和垄断企业的收入过高。其次从个人层面来看，由于市场体系的不完善，一些人借助一些暴利机会或权钱交易寻租来集聚大量财富。整个社会财富主要是集中在极少数人手中，中产阶级还不够强大，低收入者普遍存在。为数众多的低收入者还存在较强的预防性储蓄动机。第二，生产要素之间的收入分配问题。随着市场化程度的提高，各种生产要素参与收入分配，这虽然有利于调动劳动力以外的生产要素的积极性，但是却导致工资性收入在城市居民收入中的比重逐步降低，职工的非劳动收入和非法非正常收入在城市居民收入中所占比重不断增长，弱化了城市居民的收入稳定性。针对上述两个问题，我们

认为一方面要调节收入分配，提高低收入者的收入水平，另一方面要调节居民收入的内部结构，降低收入不确定性。

（1）扩大中产阶级队伍，形成两头小中间大的收入分配格局。要提高城市居民的整体收入水平，首先需要规范收入分配机制，通过制度设计约束强势群体在收入分配过程中的垄断地位；其次，继续提高中产阶级的收入水平，缩小与高收入者的差距；最后，要注意弱势群体的收入问题，通过"劫富济贫"发挥二次分配和三次分配在调节收入分配中的作用。最终，保证所有城市居民的收入水平与经济增长实现同步增长，以不断提高城市居民应对风险的整体能力。

（2）提高人口城市化的质量，减少城市贫困居民家庭的比例。在城市化过程中，越来越多的农村人口转化为城市居民，一部分是通过接受高等教育然后在城市获得工作机会，还有一部分是通过劳动力转移的形式在城市就业。后者所具有的文化水平和专业技能相对较弱，在城市中的收入水平可能相对较低，而且收入的稳定性也相对较弱。因此，在城市化过程中，我国要将教育资源适当地向农村地区倾斜，提高农村青年劳动力的科学文化水平和专业劳动技能，提高整个城市化的质量和水平。

（3）完善收入分配制度，提高劳动收入和其他低风险收入在居民收入中所占比重。应该提高劳动收入在城市居民收入中的比重，收入分配政策要向从事劳动生产的广大劳动人民倾斜，保证劳动者的劳动强度与劳动收入成正比。同时降低那些风险性相对较高的收入来源在居民收入中的比重。但我们也不能使得城市居民的收入渠道单一，根据风险分散的原理，要通过拓宽城市居民收入来源特别是低风险的收入来源使得城市居民收入的整体不确定性下降。

7.2.2 发展金融市场，降低投资风险

城市居民的金融市场参与程度较高，大部分家庭都持有风险资产。因此，金融市场的投资收益风险是城市居民面临的重要风险之一。为了降低居民预防性储蓄，我国需要发展和完善金融市场，降低其市场风险。具体主要可以从以下几方面入手：

（1）加强金融市场监管，避免投机活动扰乱市场。金融资本市场

既是消费者的投资场所也是消费者的投机场所。其中投资活动具有长期性和稳定性,而投机活动具有短期性和冲击性,会使得市场大起大落、变幻不定。我们需要发挥一级市场的融资和投资功能,对二级市场的运行则要更多地监管和规范。同时,需要强化金融衍生品的管制,不断提高其安全性和透明性,对于那些潜在风险较大的衍生品交易进行限制。总之,我国金融市场监管的方向是:强化金融市场的投资功能,抑制其投机功能。

(2)健全储蓄保值功能,抵御通货膨胀风险。所谓储蓄保值就是银行根据物价上涨情况对储户给予一定的补贴,一般的补贴比率等于通货膨胀率与存款利率之差,即在通货膨胀情况下至少要保证储户的实际存款利率不为负。目前,我国居民一年期的存款利率不到4%,但是通货膨胀率大约在5%左右,实际利率大约为-1%。因此,我们有必要开展储蓄保值业务,避免居民储蓄存款缩水。实际上,我国商业银行也完全有能力开展储蓄保值业务避免出现负利率。[①]

(3)扩大多种投资渠道,分散居民投资风险。当前我国城市居民面临的一个突出问题就是投资渠道缺乏,社会资金可供选择的流向主要就是股市和楼市。虽然房地产市场相对于股市风险更小,但是目前中国的房地产市场也存在一定的泡沫,并不是居民理想的投资场所。在居民的财富源源不断地流入股市和楼市的同时却伴随着一些实体经济建设资金不足。因此,我国应该加快发展金融市场,合理引导居民富裕财富流向,以满足实体经济资金需求,顺利实现居民投资渠道的多元化。

7.2.3 稳定市场物价,警惕价格风险

城市居民的市场化程度更高,所有资源的获取都主要是通过市场,因此价格不确定性是城市居民面临的一个重要不确定性,而农村居民可能对于价格不确定性的反应相对较弱。本书前文4.2节在为城乡居民消费不确定性选取工具变量时发现物价波动可以作为城市居民的不确定性的工具变量,而不能作为农村居民不确定性的工具变量也说明了这一

---

① 2011年和2012年城乡居民的平均储蓄存款额分别为32.35万亿元和37.16万亿元。如果开展储蓄保值业务避免城乡居民储蓄存款缩水,那么商业银行也只需要额外承担不到0.4万亿元的成本。而2011年和2012年商业银行净利润分别达到1.04万亿元和1.24万亿元。

点。因此，相对于农村居民，价格不确定性也是城市居民产生预防性储蓄行为的一个重要因素。虽然物价波动是市场经济调节下价值规律发挥作用的必然现象，但是异常的价格波动也会严重影响消费者的实际财富和消费决策行为，因此我国目前应该保持物价基本稳定。当然，维持物价稳定并不是说价格要绝对地一成不变，而是要使物价在一定的范围内合理波动，避免物价波动幅度过大。稳定物价，降低价格不确定性对城市居民预防性储蓄行为的影响的总体思路体现在三个方面。

（1）重视生活必需品的物价稳定，适当补贴低收入人群。消费者对于日常消费品和其他商品的消费支出是放在不同心理账户的，对于日常消费品消费者往往会放在一个较重的心理账户上，而对于那些购买频率较低的商品消费者则往往会放在一个较轻的心理账户上。所以消费者对生活必需品的价格变化就会很敏感，存在很强的预防性储蓄动机。当前，城市住房价格上涨过快就是导致城市居民预防性储蓄的一个重要因素。为此，政府应该出台相关的政策措施来打压房地产市场的投机倒把行为、挤压房地产市场泡沫。当然，当前中国的一些物价波动在一定程度上是二元经济结构变动过程中部门间相对价格调整的结果，是一种良性的价格波动，所以我们并不应该完全阻止，但是也不能坐视不理。经济学基本理论认为，产品价格变化会通过替代效应和收入效应对消费者福利水平产生影响，但是对于不同收入水平的群体，其影响是不一样的。当消费者收入水平很低的时候，价格变化的收入效应在实际收入中就会占很大比重，此时价格变化对于消费者福利水平的影响较大，消费者对于价格变化就很敏感；反之，当消费者收入水平很高的时候，价格变化的收入效应在实际收入中所占比重很小，此时价格变化对于消费者福利水平的影响就会很小，消费者对于价格变化就不太敏感。为了在不影响消费者福利的情况下实现这种价格调整，我们对低收入者的补贴就显得相当重要。

（2）公开市场经济信息，引导消费和生产。市场价格波动是供求关系发生变动导致的，因此要维持物价稳定就需要保证供求关系稳定地处于均衡路径之上。在一个庞大的经济系统中，无论是生产者、消费者还是政策制定者都很难一眼就辨别出供求状况，在根据价格信号作出决策的时候也可能是比较盲目的，进而导致市场价格的波动。为此我国应该建立和健全关于市场信息的统计工作，并将经济信息及时有效地发布给经济活动的参与者。这样既可以合理引导生产者按照市场需求进行生产，避免供给过剩和短缺，也可以引导消费者进行理性消费，避免因非理性抢购而引起的物价上涨，还可以为监管部门提供相关参考，不断提高价格检测预警能力。

（3）加强市场监管，完善价格立法。为了保证良好的市场秩序，仅靠市场的自律是不够的。近些年来，一些产品的价格波动是由于社会游资涌入和不法商贩人为操纵所导致的。政府作为看得见的手，应该加强市场监管力度，在约束市场主体行为方面有所作为，防止这些非法行为引起市场失灵。同时，通过加强相关的价格立法，明确界定市场主体的行为界限，对于囤积和发布虚假信息等各种扰乱市场价格体系的违法行为做到依法严惩。

7.2.4　健全社会保障，弱化支出风险

虽然城市居民的社会保障体系要比农村居民的社会保障体系更加健全和完善，但是其保障水平也还存在一些短板亟待补齐。

（1）从城市居民的养老保障来看，我们至少还需要从三个方面进行完善。第一，外迁移居人口的养老保障问题。我国区域之间的人口流动性较大，但是城镇居民养老保险一般都会受到户籍的限制，这使得一些外迁移居的无业城市居民并不符合参加城镇居民养老保险的基本条件。第二，灵活就业人员的养老保障问题。从事工商经营的个体户等灵活就业人员虽然可以参加城镇企业职工基本养老保险，但是这一群体从业者由于就业不稳定或者是因保费太高也并未完全参与。第三，无力参保人员的养老保障问题。由于养老保险是以个人自愿参与缴费为前提，由个人与社会统筹，所以养老保险所覆盖的人群是有一定收入来源和支付能力的，对于那些维持生计尚且艰难的低收入人员，其养老保险可能尚未覆盖。如果从这三个方面进一步改革和完善城市居民的养老保险制度，将会更好地解决更加广大的城市居民的后顾之忧。

（2）从城市居民的医疗保障来看，医疗保障体系还不完善，比如重大疾病医疗保险制度的缺失和基本医疗保障服务的滞后，再如各种医疗保障制度之间的独立性使得不同群体之间的医疗保障待遇存在较大的差异等。为了更好地发挥保障功能，我国应该建立重大疾病的保险制

度，继续发展医疗服务体系，并统筹不同类型的保险，做好不同保险之间的衔接与整合，建立起具有公平性和流动性的全覆盖医疗保障体系。

（3）从城市居民的失业保障来看，也还存在保障范围太窄和保障水平太低的问题。由于制度设计和执行的问题，许多本该享受失业保障的从业人员却未被保障。例如，个体工商户及其雇工这类就业灵活的劳动者、乡镇企业就业的劳动者通常都很难得到失业保障，致使失业保险的保障功能并未得到充分发挥。另外，即使享受到失业保障，但由于经济水平的限制，失业保险所提供的保障水平偏低，还无法满足居民基本的生活需求。为了真正发挥保障功能，失业保险制度应该适时调整，逐步建立起覆盖所有劳动力的保障体系，为失业人员提供充分的保障。

7.3　降低农村居民预防性储蓄的建议

7.3.1　提高收入水平，增强抗险能力

与城市居民相比，农村居民收入相对偏低，其应对意外风险的能力较弱，故预防性储蓄动机会更强。由于这一差异，本书认为要降低农村居民的预防性储蓄，与城市居民通过降低收入风险的做法不同，应该主要通过提高农村居民收入水平而降低农村居民的预防性储蓄动机来实现。

（1）鼓励农村剩余劳动力转移，提高农村居民的工资性收入。由于农村地区人多地少，所以单位人力资本在土地上的边际产出相对较低，人力资本并未得到有效利用。因此，我们提高农村居民收入的途径之一就是将过剩的农业人口向非农产业转移，将农村地区的人力资本配置到边际产出效率更高的地方去。为了促进这种转移，一方面要加快城市化进程和实现产业结构升级，依靠强大的产业支撑来保证非农产业吸纳农村劳动力的能力；另一方面为农村剩余劳动力的转移做好服务和保障工作，积极探索新思路和寻求新办法来保证农民工的合法权利不受侵害，避免拖欠工资等有悖于市场经济原则的行为。

（2）加强对农村基础设施的建设，提高农业生产的经济效益。农

业生产的边际产出水平一方面决定了从事非农业生产的农民工的工资收入水平，另一方面直接关系农业生产者的收入水平，因此，提高农业生产收益是提高农村居民收入水平的关键所在。由于农村地区资金不足，农田、水利、道路等一些基础设施建设相当落后，农业投入的边际产出很低，严重制约了农业生产的发展和农民增收的可能。政府应该加大对三农的扶持，通过"以工代赈"的方式搞好农村的基础设施建设，同时增加对现代农业科技的投入，培养大量的农业科技人才，加快推广现代科学技术在农业生产中的应用，实现农业生产现代化。

（3）促进农产品价值回归，提高农业生产经营收入。新中国成立后，为了支持工业发展，工农业之间存在严重的剪刀差价格体制。在这种扭曲的配置机制下，农业部门的产品价格长期以来被人为地压低。随着工业的发展、三农问题的突出和政府开始逐步消除二元经济结构政策的实施，扭曲的资源配置方式应该逐渐由市场机制所替代，也应该让长期被压制的农业部门的产品价格在市场交易过程中逐渐向其真实价值回归，以实现农村居民的增收。

7.3.2 发展农村金融，消除融资约束

信贷约束是抑制居民消费、激发预防性储蓄的一个重要因素。由于农村地区的金融服务相对薄弱，因而农村居民消费常常受困于信贷约束问题。尤其是农村地区中等及其以下收入群体普遍因为受到信贷约束而出现了消费下降，甚至出现了主导消费品消费断层的现象（王政霞，2004）。[①] 信贷约束的产生是两个方面作用形成的，一是消费者所处的融资环境，二是消费者本身的融资意愿。基于此，我们也从三个方面解决农村居民的信贷约束问题。

（1）健全农村金融体系，发挥正规金融对农村居民的融资功能。目前，正规金融机构对于农村居民的支持不足，农村居民的融资行为主要局限于亲朋好友之间的相互借贷。但是这种熟人之间的民间借贷的融资能力有限，不能满足大额度的资金需求，只能是一种补充性的融资手

---

① 王政霞（2004）指出，所谓主导消费品消费断层指的是这样一个尴尬局面：一方面消费者想购买某一消费品（如住房），但当期收入买不起；另一方面，能够支付得起的消费品已经不再需要。

段。所以，需要重视并充分发挥正规金融在农村居民中的融资功能。首先，要缓解农村金融排斥，让金融服务机构网点深入到各个地区，缩短与农户的距离。其次，创新抵押贷款机制，扩展贷款抵押品的内容，让农村居民可以利用各种形式的产权作为抵押品（马九杰、刘海英和温铁军，2010）。最后，以农户的融资需求为导向，根据农村居民之间的消费融资行为和偏好差异，因时因地因人而异地提供不同形式的专门融资服务以满足其生产和消费需要。

（2）规范发展民间金融。民间金融相对于正规金融，通常具有机构规模小、布局分散、机构众多、操作灵活等特点，能够更好地服务于农村地区的金融需求。因此，在正规金融相对薄弱的农村地区，我们可以承认民间金融的合法性，通过政府引导让其在一定的法律框架内充分有序规范发展，形成对正规金融的有益补充。

（3）加大宣传教育力度，提高农村居民的消费融资意愿。虽然农村居民普遍存在流动性约束的问题，但是其融资意愿却不是很强，一方面是由于农村居民受传统消费习惯和消费观念的影响不喜欢负债消费，另一方面是由于生活负担太重、偿债能力较弱，农村居民存在融资消费之后存在无法偿还贷款的后顾之忧。基于上述原因，我们要刺激农村居民的消费融资意愿。首先，应该适当地对农村居民宣传"借钱消费"的现代消费观念，引导其正确认识消费融资对于提高生活质量的作用，树立起科学的跨期配置资源的消费观。其次，建立相应的免债机制，即当农村居民因为特殊原因而深陷负债困局无法偿清所有负债时，相关部门应该根据实际情况适当减少或者直接核销掉其相应债务。

7.3.3 明确界定产权，确保财产权益

我国农村居民的财产权益严重缺失，许多财产权界定不清，因此在经济发展过程中农民财产因为政策变动、政府行为或其他原因而灭失的案例很多。例如，一些国家建设项目需要征收农民土地过程中补偿力度不够甚至补偿款被政府侵占，在"禽流感"疫情暴发时政府要求农户杀鸡却没有足够的补偿，煤田开发导致土地塌陷而无法耕种，等等。当前，亟须明确界定农村居民的相关财产权，既保证其合法的私人财产不受侵犯，也有利于通过产权流转获得经济收益。

(1) 明晰农村居民的相关财产权益。受公有制经济的影响，在很多财产的权益归属上我们都存在着或多或少的"公有"的特点。但是"公有"既是"人人所有"，也是"谁都没有"。财产权这种模棱两可的含糊状态使得人们对其未来财产状况预期充满了不确定性。为了降低农村居民所面临的这种私人财产权益的不确定性，我国目前的首要任务就是对农村居民所拥有的一些有形财产和无形财产（如土地、资源、环境等）的产权进行严格的界定，通过确权来不断拓宽农村居民的财产权益范围，并明确相关各方的权益界限，使得农村居民能够对其自身的财产具有稳定的预期。

(2) 规范农村居民的产权流转交易。产权既是对一种资源的所有权，也代表着对其收益的所有权。产权流转一方面有利于资源的优化配置，另一方面有助于增加农村居民的财产性收入渠道。因此，我们应该鼓励产权公开、公正、规范地流转。但是产权流转也可能存在潜在的风险，要对哪些产权可以流转和哪些产权不能流转有所区分，避免一些产权的流转引起相关的保障功能消失，从而增加了未来的不确定性。

7.3.4 扩大社保覆盖，加强保障力度

在新农村建设过程中，新型农村合作医疗制度的完善、农村社会养老保险的启动和农村社会救助制度的健全使得农村社会保障事业有了较大的发展，但是农村居民所享受的社会保障水平还是远远落后于城市居民所享受的社会保障水平。一方面，社会保障的覆盖面依然过窄，很大一大部分农村居民都未能享受到保障；另一方面，保障水平较低和力度不够，城乡之间存在较大差异。由于社会保障的薄弱，农村居民面临着较大的支出风险，比如高昂的医疗支出费用等很容易就让贫困的农村居民陷入万劫不复的贫困深渊。在农村居民应对风险的自我保险能力较弱的情况下，社会保障显得尤为重要。

(1) 扩大医疗保险报销范围和报销比例，降低医疗支出风险。医疗保健支出是农村居民面临的一个重要不确定性因素，医疗保险对于缓解农村居民因病致贫和因病返贫风险具有一定的缓解作用，但是目前农村的医疗保险保障力度尚且不够，而且由于报销范围小、报销比例低、报销程序麻烦等原因，农村居民参保的积极性也不是很高。现有的农村

社会保障制度还需要继续深化改革和全面完善，扩大保障项目的覆盖面，做到"应保尽保"。在扩大保障范围的同时也要逐步提高保障水平，消除城市居民医疗保险和新型农村合作医疗在保障力度上的差距，更大程度地发挥医疗保险对于消除医疗支出不确定性的作用。

（2）加快建设农村养老保障体系，降低预防性储蓄动机。随着农村剩余劳动力以农民工的形式逐渐从土地解放出来转移到城市工作，家庭内部成员代际间聚少离多，传统的家庭结构和功能发生了很大的变化。由于农民在年老体迈之时也不存在退休工资，晚年的消费支出主要依赖于年轻时的劳动收入和子女支持，因此在传统社会中，"养儿防老"是农村居民最主要的养老方式，但是随着传统的家庭伦理逐渐被经济理性所取代，子女对于老人的养老保障功能已经弱化（左冬梅和李树茁，2011；叶敬忠和贺聪志，2011）。家庭养老功能的弱化，必然要求社会承担更多的养老服务功能，而且也是未来的一个必然趋势（杨宜勇和杨亚哲，2011；许佃兵和孙其昂，2011），然而，现有的农村社会保障体系在为农村居民提供养老保障方面的作用有限，农村老年人的基本生活无法得到切实保障。根据《中国家庭金融调查报告·2012》显示，在其调查的样本中，农村地区 65.51% 的居民都没有养老保险，这些人中大约有 23.87% 都是依靠自己的储蓄和投资收益养老，这就使得农村居民"吃青春饭"的特征更加明显，其预防性储蓄动机也就更强。因此，应该加大财政投入并多方筹资，加快农村地区多元化养老保障体系的建设。

（3）完善农民工失业保险和工伤保险。越来越多的农村居民通过外出务工或者经商成为全职的非农劳动者，并且在第二产业、第三产业的从业人员中占到半数以上的比重。因此，农民工的失业保障问题非常重要。与正规就业的城市职工一样，他们也面临着失业的风险，而且，从总体来看，农民工的失业风险更高，失业后再就业也相对困难，失业持续时间较长。但是这部分人大多数都无法享受到失业保障，即使享受到了失业保障其失业补助金也几乎起不到保障作用。对于农村居民，失业保险基本上处于缺位状态。为此，我们应该根据农民工的职业特点建立起弹性失业保险制度，应对其可能面临的收入不确定性冲击。另外，工伤保险措施也亟须完善。由于农民工从事的职业更容易诱发工伤和职业病，所以也需要对其进行充分保障，降低其预期消费支出冲击。特别是要提高丧失劳动力保险的保障标准,因为丧失劳动力对于劳动者未来收入的冲击是最大的。

(4) 降低高等教育费用,减轻农村居民支出压力。虽然我国已经全面实现了九年义务教育,但是高等教育费用支出在农村居民和城市居民的消费支出中还占有较大比重,这也是有在读大学生的家庭产生预防性储蓄动机的重要诱因之一。由于农村家庭的收入偏低,因此相对于城市家庭,农村家庭受高等教育支出的影响更为明显。在农村地区,"教育致贫"是非常普遍的现象。鉴于教育具有显著的正外部性,因此政府应该建立起合理的教育成本分担机制,通过助学贷款等资助制度加大对高等教育事业的投入,减少农村贫困家庭的高等教育费用支出负担。

第8章 结论与展望

8.1 主要研究结论

本书运用 2000~2010 年省级宏观面板数据重点研究了中国城市居民和农村居民的预防性储蓄行为，主要研究结论如下。

根据文献可知，绝对谨慎系数才是衡量消费者预防性储蓄动机的测量指标，然而，长期以来国内外文献多数以相对谨慎系数的大小来检验消费者的预防性储蓄动机。在检验消费者是否存在预防性储蓄动机时，相对谨慎系数和绝对谨慎系数均可以作为参照标准。但是，在测量预防性储蓄动机强度的强弱时，尤其是在比较不同消费者之间的预防性储蓄动机强弱时，绝对谨慎系数才是唯一的判断标准。否则，可能会得出与事实不符的结论。通过估计城乡居民的绝对谨慎系数，本书认为农村居民的预防性储蓄动机要显著地强于城市居民的预防性储蓄动机，这一结论与一些文献基于相对谨慎系数得到的"城市居民预防性储蓄动机强度大于农村居民预防性储蓄动机强度"的结论正好相反。农村居民预防性储蓄动机更强的结论与城乡二元经济结构下农村居民收入相对较低和社会保障相对薄弱的社会现实是逻辑一致的。

虽然农村居民比城市居民具有更强的预防性储蓄动机，但是从预防性储蓄的绝对量来看，城市居民的预防性储蓄更多，大约为农村居民的 2.63 倍。这一方面是由于城市居民收入水平相对较高，因而消费者有更多的财富用于预防性储蓄；另一方面是由于城市居民消费支出水平较高，其绝对风险相对较大。当然，这并不意味着城市居民的预防性储蓄问题就比农村居民更重要，因为从相对水平来看预防性储蓄能够解释农村居民财富积累的34%左右，而只能解释城市居民财富积累的20%左右。因此，农村居民的福利水平受不确定性的影响更大，旨在缓解居民不确定性的各项政策措施应该更多地向农村地区倾斜，这样才有利于社会的和谐发展，才能更大幅度地提高全社会整体福利水平。

降低城乡居民预防性储蓄可以从以下途径入手：（1）提高收入水平以降低其预防性储蓄动机强度。（2）降低消费者面临的各种不确定性。比如投资收益不确定性、收入不确定性、消费支出不确定性等都是导致消费者面临的重要不确定性，也是引起消费者进行预防性储蓄的主要因素。在投资收益不确定性中，对居民影响最大的又主要是银行存款收益的不确定性。在消费支出不确定性因素中对居民预防性储蓄行为影响最大的主要是教育支出不确定性、医疗支出不确定性和住房支出不确定性。

由于二元经济结构下城市居民和农村居民的预防性储蓄行为存在一定的内在差异，本书认为降低预防性储蓄的政策措施也应该有所差异。对于城市居民，我们主要是通过降低居民收入中风险收入的比重、降低金融市场的投资收益风险、稳定市场价格、消除价格风险和进一步发挥好保障体系的保障功能等几个方面来降低消费者所面临的不确定性；对于农村居民，我们则主要是通过四个方面来减少其预防性储蓄：提高收入水平、增强其对于风险的能力，降低预防性储蓄动机强度；发展正规金融和非正规金融，消除融资约束对其的影响；对农村居民的财产确权，对其收入形成稳定预期；加强社会保障，减小支出风险。

8.2 未竟研究与不足

预防性储蓄是一个重要而又复杂的问题。本书在吸收前人研究成果的基础上，对中国城乡居民预防性储蓄行为进行了一些探讨。限于作者的水平和数据获取的难度，本研究难以对预防性储蓄问题进行面面俱到且细致入微的分析。总的来说，本研究在理论框架、技术手段和研究的深度和广度方面都还存在着一些不足和需要进一步完善的地方。

首先，本书未在非期望效用理论框架下展开分析。从20世纪70年代起，不确定性逐渐被引入消费和储蓄的理论模型中，但是对消费者在

第 8 章 结论与展望

不确定性条件下跨期消费决策的研究主要是基于期望效用理论。在期望效用理论中，消费者的风险规避系数是跨期替代弹性的倒数。事实上，风险规避系数是跨期替代弹性可能是部分独立的，期望效用理论并不能很好地刻画消费者的偏好结构。基于期望效用理论检验不确定性条件下消费者消费行为的实证结果也经常与理论预测相反，有悖于预防性储蓄理论的内在含义。据我们所知，目前国内在非期望偏好结构下研究消费者消费投资行为的文献不多，在非期望偏好结构下研究不确定性对消费者消费储蓄行为影响的文献则更为有限。为了避免期望效用理论的不足，基于非期望效用偏好结构来研究不确定性条件下我国城乡居民的消费储蓄行为，对于正确理解我国居民高储蓄问题具有重要的意义。遗憾的是，本书在分析过程中尚未将非期望效用理论引入。

其次，虽然本书将消费者分为了城市和农村两个样本，但是由于数据可获得性的制约，也仅仅是从宏观总量层面进行了分析，并没有在农村和城市两个样本内部再继续对消费者做进一步的分类，比如按照不同行业或者不同职业进行分类研究。实际上，在有数据支撑的条件下，这样的分析或许能够得到更多更有价值的信息。

最后，在本书的分析中并没有对消费者的耐用品消费支出和非耐用品消费支出进行区分。根据直觉，消费者对于耐用品消费和非耐用品消费的支出行为是存在差异的。非耐用品消费的每一次消费都需要相应的支出，而耐用品则不一样，只需要支付一次就可以持续提供服务流。消费者的效用也正是来源于耐用品和非耐用品提供的这种服务。但是在我们的分析中没有对其进行区分，而是假设消费者的效用水平直接来源于当期的消费支出水平。如果考虑到消费者对于耐用品和非耐用品的消费方式差异，分析结论可能会发生相应的变化。

以上是本书的几个主要不足之处，也正是下一步的研究方向所在。除此之外，本书或许还存在一些其他方面的不足和缺陷，在此未能一一详尽，恳请各位专家学者批评指正。

参 考 文 献

[1] 蔡昉:《人口转变、人口红利与经济增长可持续性——兼论充分就业如何促进经济增长》,载于《人口研究》2004年第3期,第2~9页。

[2] 邓可斌、易行健:《预防性储蓄动机的异质性与消费倾向的变化——基于中国城镇居民的研究》,载于《财贸经济》2010年第5期,第14~20页。

[3] 邓翔、李锴:《中国城镇居民预防性储蓄成因分析》,载于《南开经济研究》2009年第2期,第42~57页。

[4] 杜海韬、邓翔:《流动性约束和不确定性状态下的预防性储蓄研究——中国城乡居民的消费特征分析》,载于《经济学(季刊)》2005年第2期,第297~316页。

[5] 杜宇玮、刘东皇:《预防性储蓄动机强度的时序变化及影响因素差异——基于1979-2009年中国城乡居民的实证研究》,载于《经济科学》2011年第1期,第70~80页。

[6] 甘犁、尹志超、贾男、徐舒和马双:《中国家庭金融调查报告·2012》,西南财经大学出版社2012年版。

[7] 高宇、刘华军:《不确定性产生的根源及其降低机制》,载于《财经科学》2008年第1期,第80~87页。

[8] 郭香俊、杭斌:《教育偏好、教育价格、人口结构与山西城镇居民预防性储蓄动机》,载于《中北大学学报:社会科学版》2009年第1期,第44~50页。

[9] 郭香俊、杭斌:《预防性储蓄重要性的测算方法及其比较》,载于《统计研究》2009年第11期,第61~68页。

[10] 杭斌、申春兰:《潜在流动性约束与预防性储蓄行为——理论框架及实证研究》,载于《管理世界》2005年第9期,第28~35页。

[11] 杭斌、申春兰：《中国农户预防性储蓄行为的实证研究》，载于《中国农村经济》2005年第3期，第44~52页。

[12] 黄学军、吴冲锋：《社会医疗保险对预防性储蓄的挤出效应研究》，载于《世界经济》2006年第8期，第65~70页。

[13] 黄祖辉、金铃、陈志钢和喻冰心：《经济转型时期农户的预防性储蓄强度：来自浙江省的证据》，载于《管理世界》2011年第5期，第81~92页。

[14] 贾德奎、施红俊：《收入分配差距与居民储蓄率的关系——一个基于金融市场缺陷的理论解释》，载于《金融教学与研究》2003年第4期，第2~4页。

[15] 解垩：《城镇医疗保险改革对预防性储蓄有挤出效应吗？》，载于《南方经济》2010年第9期，第64~72页。

[16] 雷震、张安全：《预防性储蓄的重要性研究：基于中国的经验分析》，载于《世界经济》2013年第6期，第126~144页。

[17] 李宏：《社会保障对居民储蓄影响的理论与实证分析》，载于《经济学家》2010年第6期，第87~94页。

[18] 李扬、殷剑峰和陈洪波：《中国：高储蓄、高投资和高增长研究》，载于《财贸经济》2007年第1期，第26~33页。

[19] 李勇辉、温娇秀：《我国城镇居民预防性储蓄行为与支出的不确定性关系》，载于《管理世界》2005年第5期，第14~18页。

[20] 凌晨、张安全：《中国城乡居民预防性储蓄研究：理论与实证》，载于《管理世界》2012年第11期，第20~27页。

[21] 刘兆博、马树才：《基于微观面板数据的中国农民预防性储蓄研究》，载于《世界经济》2007年第2期，第40~49页。

[22] 龙志和、周浩明：《中国城镇居民预防性储蓄实证研究》，载于《经济研究》2000年第11期，第33~38页。

[23] 罗楚亮：《经济转轨、不确定性与城镇居民消费行为》，载于《经济研究》2004年第4期，第100~106页。

[24] 骆祚炎：《支出增长预期对居民消费和储蓄的影响分析——兼评预防性储蓄理论的不足》，载于《山西财经大学学报》2007年第8期，第33~38页。

[25] 马九杰、刘海英和温铁军：《农村信贷约束与农村金融体系

创新》，载于《中国农村金融》2010年第2期，第39~41页。

[26] 孟昕：《中国城市的失业，消费平滑和预防性储蓄》，载于《经济社会体制比较》2001年第6期，第40~50页。

[27] 裴春霞、孙世重：《流动性约束条件下的中国居民预防性储蓄行为分析》，载于《金融研究》2004年第10期，第26~32页。

[28] 齐天翔：《经济转轨时期的中国居民储蓄研究》，载于《经济研究》2000年第9期，第25~33页。

[29] 施建淮、朱海婷：《中国城市居民预防性储蓄及预防性动机强度：1999-2003》，载于《经济研究》2004年第10期，第66~74页。

[30] 宋铮：《中国居民储蓄行为研究》，载于《金融研究》1999年第6期，第46~50页。

[31] 孙凤、王玉华：《中国居民消费行为研究》，载于《统计研究》2001年第4期，第24~30页。

[32] 陶传平：《我国消费市场低速的原因及对策》，载于《山东社会科学》2001年第5期，第96~98页。

[33] 万广华、史清华和汤树梅：《转型经济中农户储蓄行为：中国农村的实证研究》，载于《经济研究》2003年第5期，第3~12页。

[34] 汪浩瀚、唐绍祥：《中国农村居民预防性储蓄动机估计及影响因素分析》，载于《农业技术经济》2010年第1期，第42~48页。

[35] 王辉、张东辉：《中国居民预防性储蓄比例研究（2001-2008）》，载于《求索》2010年第5期，第1~4页。

[36] 王天骄：《论不确定性对居民消费的影响》，载于《当代经济》2010年第7期，第128~133页。

[37] 王政霞：《信贷约束对中国居民消费的影响研究》，载于《财经问题研究》2004年第5期，第17~20页。

[38] 徐小鹰：《房价上涨影响居民消费的作用机制分析——基于预防性储蓄效应视角》，载于《经济问题》2012年第10期，第11~16页。

[39] 徐绪松、陈彦斌：《预防性储蓄模型及其不确定性分解》，载于《数量经济技术经济研究》2003年第2期，第100~103页。

[40] 徐燕：《个人储蓄行为》，载于厉以宁主编：《中国经济实证分析》，北京大学出版社1992年版。

[41] 许佃兵、孙其昂：《完善我国社会养老服务体系的深层思考——基于江苏养老服务现状的考察分析》，载于《学海》2012 年第 6 期，第 92~95 页。

[42] 严先溥：《中国消费市场运行现状与发展趋势分析》，载于《金融与经济》2006 年第 2 期，第 3~7 页。

[43] 杨汝岱、陈斌开：《高等教育改革，预防性储蓄与居民消费行为》，载于《经济研究》2009 年第 8 期，第 113~124 页。

[44] 杨宜勇、杨亚哲：《论我国居家养老服务体系的发展》，载于《中共中央党校学报》2011 年第 5 期，第 94~98 页。

[45] 叶敬忠、贺聪志：《社会变迁侵蚀家文化》，载于《人民论坛》2011 年第 5 期，第 70~71 页。

[46] 易行健、王俊海和易君健：《预防性储蓄动机强度的时序变化与地区差异》，载于《经济研究》2008 年第 2 期，第 119~131 页。

[47] 袁志刚、宋铮：《人口年龄结构、养老保险制度和最优储蓄率》，载于《经济研究》2000 年第 11 期，第 24~32 页。

[48] 袁志刚、朱国林：《消费理论中的收入分配与总消费》，载于《中国社会科学》2002 年第 2 期，第 69~76 页。

[49] 张继海：《寿命不确定性与居民预防性储蓄——兼论中国社会保障体系存在的不足》，载于《深圳大学学报：人文社会科学版》2008 年第 4 期，第 69~74 页。

[50] 张明：《透视中国居民高储蓄现象：效率损失和因素分析》，载于《上海经济研究》2005 年第 8 期，第 16~22 页。

[51] 张文中、田源：《物价、利率与储蓄增长——中国：1954—1987 年的实证分析》，载于《经济研究》1989 年第 11 期，第 39~48 页。

[52] 钟宏：《采取多种措施扩大居民消费》，载于《中国统计》2006 第 4 期，第 62 页。

[53] 周建：《中国农村居民预防性储蓄行为分析》，载于《统计研究》2005 年第 9 期，第 45~50 页。

[54] 周绍杰：《中国城市居民的预防性储蓄行为研究》，载于《世界经济》2010 年第 8 期，第 112~122 页。

[55] 朱国林、范建勇、严燕：《中国的消费不振与收入分配：理

论和数据》，载于《经济研究》2002 年第 5 期，第 72~80 页。

［56］朱宪辰、吴道明：《支出预期：对消费行为影响的估计》，载于《数量经济技术经济研究》2001 年第 6 期，第 51~55 页。

［57］左冬梅、李树茁：《基于社会性别的劳动力迁移与农村留守老人的生活福利——基于劳动力流入地和流出地的调查》，载于《公共管理学报》2011 年第 2 期，第 93~100 页。

［58］Aiyagari, S. R., 1994, "Uninsured Idiosyncratic Risk and Aggregate Saving", *Quarterly Journal of Economics*, 109 (3): 659 – 684.

［59］Alessie, R., and A. Lusardi, 1997, "Consumption, saving and habit formation", *Economics letters*, 55 (1): 103 – 108.

［60］Ando, A. and F. Modigliani, 1963, "The Life Cycle Hypothesis of Saving: Aggregate Implications and Tests", *American Economic Review*, 53 (1): 55 – 84.

［61］Arellano, M. and O. Bover, 1995, "Another Look at the Instrumental-Variable Estimation of Error-Components Models", *Journal of Econometrics*, 68 (1): 29 – 52.

［62］Arellano, M. and S. R. Bond, 1991, "Some Tests of Specification for Panel Data: More Carlo Evidence and an Application to Employment Equations", *Review of Economic Studies*, 58 (2): 277 – 297.

［63］Arrow, K. J., "Aspects of the Theory of Risk-bearing", *Yrjö Jahnssonin Säätiö*, 1965.

［64］Ballinger, T. P., M. G. Palumbo and N. T. Wilcox, 2003, "Precautionary Saving and Social Learning Across Generations: An Experiment", *The Economic Journal*, 113 (490): 920 – 947.

［65］Bernheim, B. D. and J. K. Scholz, "Private Saving and Public Policy". *Tax Policy and the Economy*, Volume 7. MIT Press, 1993.

［66］Blundell, R. W. and S. R. Bond, 1998, "Initial Conditions and Moment Restrictions in Dynamic Panel Data Models", *Journal of Econometrics*, 87 (1): 115 – 143.

［67］Boulding, K. E., "Economic Analysis", Volume I: Microeconomics, 4th ed. Harper & Row, New York, 1966.

［68］Caballero, R. J., 1990, "Consumption Puzzles and Precautionary

Savings", *Journal of Monetary Economics*, 25 (1): 113 – 136.

[69] Caballero, R. J., 1991, "Earnings Uncertainty and Aggregate Wealth Accumulation", *American Economic Review*, 81 (4): 859 – 871.

[70] Carroll, C. D. and M. S. Kimball, 1996, "On the Concavity of the Consumption Function", *Econometrica*, 64 (4): 981 – 992.

[71] Carroll, C. D. and M. S. Kimball, 2001, "Liquidity Constraints and Precautionary Saving". *NBER Working Paper*, No. 8469.

[72] Carroll, C. D. and M. S. Kimball, 2008, "Precautionary Saving and Precautionary Wealth", *The New Palgrave Dictionary of Economics*, 6: 579 – 584.

[73] Carroll, C. D., 1992, "The Buffer-Stock Theory of Saving: Some Macroeconomic Evidence", *Brookings Papers on Economic Activity*, 23 (2): 61 – 156.

[74] Carroll, C. D., J. Overland and D. N. Weil, 2000, "Saving and Growth with Habit Formation". *American Economic review*, 90 (3): 341 – 355.

[75] Chou, S. Y., J. T. Liu and J. K. Hammitt, 2003, "National Health Insurance and Precautionary Saving: Evidence from Taiwan", *Journal of Public Economics*, 87 (9 – 10): 873 – 1894.

[76] Courbage, C. and B. Rey, 2007, "Precautionary Saving in the Presence of Other Risks", *Economic Theory*, 32 (2): 417 – 424.

[77] Darby, M. R., "Effects of Social Security on Income and the Capital Stock", *American Enterprise Institute for Public Policy Research*, 1979.

[78] Deaton, A., "Economics and Consumer Behavior". *Cambridge University Press*, 1980.

[79] Deaton, A., "Understanding Consumption". *Oxford University Press*, 1992.

[80] Doherty, N. A. and H. Schlesinger, 1983, "Optimal Insurance in Incomplete Markets", *Journal of Political Economy*, 91 (6): 1045 – 1054.

[81] Dolde, W. and J. Tobin, "Wealth, Liquidity, and Consumption", *Cowles Foundation for Research in Economics*, Yale University, 1971.

[82] Dreze, J. H. and F. Modigliani, 1966, "Épargne et consommation en avenir aléatoire", *Cahiers du Séminaire d'économétrie*, Cahiers 9: 7 – 33.

[83] Duesenberry, J. S., "Income, Saving, and the Theory of Consumer Behavior", *Harvard University Press*, 1949.

[84] Durbin, J. and G. S. Watson, 1951, "Testing for Serial Correlation in Least Squares Regression. II". *Biometrika*, 38 (1 – 2): 159 – 178.

[85] Dynan, K. E., 1993, "How Prudent Are Consumers?", *Journal of Political Economy*, 101 (6): 1104 – 1113.

[86] Dynan, K. E., 2000, "Habit Formation in Consumer Preferences: Evidence from Panel Data", *American Economic Review*, 90 (3): 391 – 406.

[87] Eeckhoudt, L. and M. Kimball, "Background Risk, Prudence, and the Demand for Insurance", *Contributions to Insurance Economics*, Springer Netherlands, 1992: 239 – 254.

[88] Eeckhoudt, L., C. Gollier and H. Schlesinger, 1996, "Changes in Background Risk and Risk Taking Behavior", *Econometrica*, 64 (3): 683 – 689.

[89] Engen, E. M. and J. Gruber, 2001, "Unemployment Insurance and Precautionary Saving", *Journal of monetary Economics*, 47 (3): 545 – 579.

[90] Epstein, L. G. and S. E. Zin, 1989, "Substitution, Risk Aversion and the Temporal Behavior of Consumption and Asset Returns: A Theoretical Framework", *Econometrica*, 57 (4): 937 – 979.

[91] Epstein, L. G. and S. E. Zin, 1991, "Substitution, Risk Aversion and the Temporal Behavior of Consumption and Asset Returns: An Empirical Analysis", *Journal of Political Economy*, 99 (2): 263 – 286.

[92] Fama, E. F., 1976, "Multiperiod Consumption-Investment Decisions: A Correction", *American Economic Review*, 66 (4): 723 – 724.

[93] Farmer, R. E. A., 1990, "Rince Preferences", *Quarterly Journal of Economics*, 105 (1): 43 – 60.

[94] Fisher, M. R., 1956, "Exploration in Savings Behaviour", *Bulletin of the Oxford University Institute of Economics & Statistics*, 18 (3): 201 – 277.

[95] Flavin, M. A., 1981, "The Adjustment of Consumption to Chan-

ging Expectations about Future Income", *The Journal of Political Economy*, 89 (5): 974 – 1009.

[96] Flemming, J. S., 1973, "The Consumption Function When Capital Markets Are Imperfect: The Permanent Income Hypothesis Reconsidered", *Oxford Economic Papers*, 25 (2): 160 – 172.

[97] Friedman, M. and L. J. Savage, 1948, "The Utility Analysis of Choices Involving Risk", *The Journal of Political Economy*, 56 (4): 279 – 304.

[98] Friedman, M., "A Theory of the Consumption", Princeton University Press, 1957.

[99] Gollier, C. and J. W. Pratt, 1996, "Risk Vulnerability and the Tempering Effect of Background Risk", *Econometrica*, 64 (5): 1109 – 1123.

[100] Gruber, J. and A. Yelowitz, 1999, "Public Health Insurance and Private Savings", *Journal of Political Economy*, 107 (6): 1249 – 1274.

[101] Guariglia, A. and M. Rossi, 2002, "Consumption, Habit Formation, and Precautionary Saving: Evidence From the British Household Panel Survey", *Oxford Economic Papers*, 54 (1): 1 – 19.

[102] Guiso, L., T. Jappelli and D. Terlizzese, 1992, "Earnings Uncertainty and Precautionary Saving", *Journal of Monetary Economics*, 30 (2): 307 – 337.

[103] Hall, R. E. and F. S. Mishkin, 1982, "The Sensitivity of Consumption to Transitory Income: Estimates from Panel Data on Households", *Econometrica*, 50 (2): 461 – 481.

[104] Hall, R. E., 1978, "Stochastic Implications of the Life Cycle-Permanent Income Hypothesis: Theory and Evidence", *Journal of Political Economy*, 86 (6): 971 – 987.

[105] Hau, A., 2012, "A Note on Insurance Coverage in Incomplete Markets", *Southern Economic Journal*, 66 (2): 433 – 441.

[106] Hayashi, F., 1985, "The Effect of Liquidity Constraints on Consumption: A Cross-sectional Analysis", *Quarterly Journal of Economics*, 100 (1): 183 – 206.

[107] Hubbard, R. G. and K. L. Judd, 1987, "Social Security and Individual Welfare: Precautionary Saving, Borrowing Constraints, and the

Payroll Tax", *American Economic Review*, 77 (4): 630 – 646.

[108] Hubbard, R. G., J. Skinner and S. P. Zeldes, 1994a, "The Importance of Precautionary Motives in Explaining Individual and Aggregate Saving", *Carnegie-Rochester Conference Series on Public Policy*, 40 (1): 59 – 125.

[109] Hubbard, R. G., J. Skinner and S. P. Zeldes, 1994b, "Expanding the Life-Cycle Model: Precautionary Saving and Public Policy", *American Economic Review*, 84 (2): 174 – 179.

[110] Hubbard, R. G., J. Skinner and S. P. Zeldes, 1995, "Precautionary Saving and Social Insurance", *Journal of Political Economy*, 103 (2): 360 – 399.

[111] Kahneman, D. and A. Tversky, 1979, "Prospect Theory: An Analysis of Decision under Risk", *Econometrica*, 47 (2): 263 – 292.

[112] Keynes, J. M., "The General Theory of Employment, Interest and Money", 1936.

[113] Kimball, M. S., 1990, "Precautionary Saving in the Small and in the Large", *Econometrica*, 58 (1): 53 – 57.

[114] Knight F. H., "Risk, Uncertainty and Profit". книга, 1921.

[115] Kotlikoff, L. J. and L. H. Summers, 1981, "The Role of Intergenerational Transfers in Aggregate Capital Accumulation", *Journal of Political Economy*, 89 (4): 706 – 732.

[116] Kuehlwein, M., 1991, "A Test for the Presence of Precautionary Saving", *Economics Letters*, 37 (4): 471 – 475.

[117] Lee, J. J. and Y. Sawada, 2007, "The Degree of Precautionary Saving: A Reexamination", *Economics Letters*, 96 (2): 196 – 201.

[118] Leland, H. E., 1968, "Saving and Uncertainty: The Precautionary Demand for Saving", *Quarterly Journal of Economics*, 82 (3): 465 – 473.

[119] Lluch, C., 1974, "Expenditure, Savings and Habit Formation", *International Economic Review*, 15 (3): 786 – 797.

[120] Lusardi, A., 1998, "On the Importance of the Precautionary Saving Motive", *American Economic Review*, 88 (2): 449 – 453.

[121] Marshall, A., "Principles of Economics", London: Mac-Mill-

an, 1920.

[122] Menegatti, M. , 2007, "A New Interpretation for the Precautionary Saving Motive: A Note", *Journal of Economics*, 92 (3): 275 – 280.

[123] Menegatti, M. , 2009a, "Precautionary Saving in the Presence of Other Risks: A Comment", *Economic Theory*, 39 (3): 473 – 476.

[124] Menegatti, M. , 2009b, "Optimal Saving in the Presence of Two Risks", *Journal of Economics*, 96 (3): 277 – 288.

[125] Merrigan, P. and M. Normandin, 1996, "Precautionary Saving Motives: An Assessment from UK Time Series of Cross-Sections", *Economic Journal*, 106 (438): 1193 – 1208.

[126] Merton, R. C. , 1969, "Lifetime Portfolio Selection under Uncertainty: The Continuous-Time Case", *Review of Economics and statistics*, 51 (3): 247 – 257.

[127] Miller, B. L. , 1974, "Optimal Consumption with Stochastic Income Stream", *Econometrica*, 42 (2): 253 – 266.

[128] Miller, B. L. , 1976, "The Effect on Optimal Consumption of Increased Uncertainty in Labor Income in the Multiperiod Case", *Journal of Economic Theory*, 13 (1): 154 – 167.

[129] Modigliani, F. , and R. Brumberg, 1954, "Utility Analysis and the Consumption Function: An Interpretation of Cross-Section Data", *The Collected Papers of Franco Modigliani*, 6: 3 – 45.

[130] Pratt, J. W. , 1964, "Risk Aversion in the Small and in the Large". *Econometrica*, 32 (1 – 2): 122 – 136.

[131] Pratt, J. W. , 1988, "Aversion to One Risk in the Presence of Others", *Journal of Risk and Uncertainty*, 1 (4): 395 – 413.

[132] Rey, B. , 2003, "A Note on Optimal Insurance in the Presence of A Nonpecuniary Background Risk", *Theory and Decision*, 54 (1): 73 – 83.

[133] Sandmo, A. , 1970, "The Effect of Uncertainty on Saving Decisions", *Review of Economic Studies*, 37 (3): 353 – 360.

[134] Seckin, A. , "Essays on Consumption with Habits Formation", Ph. D. Dissertation, Carleton University, Ottawa, Canada, 1999.

[135] Sibley, D. S. , 1975, "Permanent and Transitory Income Effects

in A Model of Optimal Consumption with Wage Income Uncertainty", *Journal of Economic Theory*, 11 (1): 68 – 82.

[136] Skinner, J., 1988, "Risky Income, Life Cycle Consumption, and Precautionary Savings", *Journal of Monetary Economics*, 22 (2): 237 – 255.

[137] Smith, V. L., 1962, "An Experimental Study of Competitive Market Behavior", *Journal of Political Economy*, 70 (2): 111 – 137.

[138] Starr-McCluer, M., 1996, "Health Insurance and Precautionary Savings", *American Economic Review*, 86 (1): 285 – 295.

[139] Stone, B. K., "Risk, Return and Equilibrium", MIT Press, 1970.

[140] Thaler, R., 1985, "Mental Accounting and Consumer Choice", *Marketing Science*, 4 (3): 199 – 214.

[141] Venti, S. F. and D. A. Wise, "IRAs and Saving", The Effects of Taxation on Capital Accumulation, Chicago: University of Chicago Press, 1987.

[142] Von Neumann, J. and O. Morgenstern, 1944, "Theory of Games and Economic Behavior", *Nature*, 246: 15 – 18.

[143] Wei, Shang-Jin, and Xiaobo Zhang, 2011, "The Competitive Saving Motive: Evidence from Rising Sex Ratios and Savings Rates in China", *Journal of Political Economy*, 119 (3): 511 – 564.

[144] Weil, P., 1990, "Nonexpected Utility Model in Macroeconomics", *Quarterly Journal of Economics*, 105 (1): 29 – 42.

[145] White, B. B., 1978, "Empirical Tests of the Life Cycle Hypothesis", *American Economic Review*, 68 (4): 547 – 560.

[146] Wilson, B. K., 1998, "The Aggregate Existence of Precautionary Saving: Time-series Evidence from Expenditures on Nondurable and Durable Goods", *Journal of Macroeconomics*, 20 (2): 309 – 323.

[147] Yi, M. H. and C. Choi, 2006, "A GMM Test of the Precautionary Saving Hypothesis with Nonexpected-utility Preference", *Applied Economics*, 38 (1): 71 – 78.

[148] Zeldes, S. P., 1989a, "Consumption and Liquidity Con-

straints: An Empirical Investigation", *Journal of Political Economy*, 97 (2): 305 – 346.

[149] Zeldes, S. P., 1989b, "Optimal Consumption with Stochastic Income: Deviations from Certainty Equivalence", *Quarterly Journal of Economics*, 104 (2): 275 – 298.